BEN SEDLEY

Stuff that Sucks

- Wenn alles nervt -

Eine Anleitung für Jugendliche
zu akzeptieren, was du nicht ändern kannst,
und dich auf das zu konzentrieren,
was du ändern kannst

Tübingen
2019

Aus dem neuseeländischen Englisch übersetzt von Dr. Claudia China, Luna Lynn China und Lisa McLean, Lübeck

First published in the United Kingdom in the English language in 2015 by Robinson, an imprint of Little, Brown Book Group.

Bibliografische Information der Deutschen Nationalbibliothek
Die Deutsche Nationalbibliothek verzeichnet diese Publikation in der Deutschen Nationalbibliografie; detaillierte bibliografische Daten sind im Internet über http://dnb.d-nb.de abrufbar.

Im Sudhaus
Hechinger Straße 203
72072 Tübingen

E-Mail: dgvt-Verlag@dgvt.de
Internet: www.dgvt-Verlag.de

Satz: Julia Franke, Tübingen
Gesamtherstellung: CPI buch bücher GmbH, Birkach

ISBN 978-3-87159-234-8

Stuff that Sucks

- Wenn alles nervt -

Inhaltsverzeichnis

KAPITEL 1: EIN PAAR DINGE ÜBER DIESES BUCH

GLAUB MIR KEIN WORT, NUR WEIL ICH ES SAGE.

Ich behaupte nicht, dass ich auf alles eine Antwort habe.

Ich kenne dich nicht.
Wer bin ich also, um dir zu sagen, wie die Dinge für dich besser laufen könnten?

Ich weiß eine Menge über Psychologie und ich spreche jeden Tag mit Jugendlichen über das, was in ihrem Leben nicht klappt und ihnen Probleme bereitet. Aber klar, dich kenne ich nicht.

Was ich dir anbieten kann, sind Ideen und Strategien, die bei anderen Menschen funktionieren und für die immer mehr wissenschaftliche Studien zeigen, dass sie wirksam sind. Und ich kann versuchen, sie so zu erklären, dass sie für die Jugendlichen, mit denen ich arbeite, Sinn ergeben und vielleicht auch für dich.

Werden diese Ideen auch bei dir funktionieren?

Ich hoffe es.

Aber es gibt nur einen Weg, das herauszufinden, und das ist: ausprobieren! Sei offen und ehrlich dir selbst gegenüber beim Ausprobieren, und wenn einige der Strategien helfen, dann benutze sie. Wenn andere für dich nicht funktionieren, dann lies weiter und schaue, welche Möglichkeiten es sonst noch gibt. Wenn nichts davon hilft, dann such weiter, weil es über dieses Buch hinaus noch andere gute Ideen gibt. Am Ende dieses Buches sind einige Hinweise von mir, wie und wo du weitere Hilfe finden kannst.

ICH KENNE DICH NICHT.

Aber ich weiß trotzdem etwas über dich.

Ich weiß, dass dir das Leben manchmal höllisch wehtut. Vielleicht nur ab und zu, vielleicht ist aber auch fast jede Minute jeden Tages eine Qual für dich. Manchmal besteht der Schmerz aus Traurigkeit, manchmal aus Sorgen oder Ärger oder Scham oder Kummer oder irgendeinem Gefühl, für das du noch nicht mal Worte hast.

Jeder kennt Schmerz. Und dennoch kann ich mir nicht vorstellen, wie schmerzhaft es für dich ist. Weil es dein Schmerz ist, fast, als ob er ein Teil von dir wäre.

Und es tut weh.

Ich weiß, dein Schmerz hat Sinn. Wenn ich all das hätte durchmachen müssen, was du durchgemacht hast (und alles, was du davor schon durchgemacht hast), dann würde ich mich wohl auch so fühlen wie du.

Vielleicht haben andere Menschen dir geraten, den Schmerz loszuwerden.

Vielleicht hat deine Mutter dir gesagt: „Du bist bald wieder okay." (Meint sie, dass du nicht okay bist, wenn du traurig bist?)

Dein Opa hat dir vielleicht gesagt: „Dir geht es doch gut. Damals, zu meiner Zeit ..."

Dein Onkel hat vielleicht gesagt: „Du willst doch nur Aufmerksamkeit ..."

Dein Lehrer hat vielleicht gesagt: „Das passt jetzt gerade nicht, mach einfach deine Aufgaben ..."

Und vielleicht wissen noch nicht einmal deine Freundinnen und Freunde, wie sehr dir alles wehtut ...

Und andere Menschen verstehen es schon gar nicht ...

Natürlich versuchst du, glücklich zu sein.

UND TROTZDEM TUT ES WEITERHIN WEH.

Manchmal tut es sogar noch mehr weh, wenn deine Familie oder deine Freunde solche Sachen sagen, wie die erwähnten.

In diesem Buch werden wir über **die Dinge sprechen, die wehtun, und über die Dinge, die die Dinge, die wehtun, noch schlimmer wehtun lassen**. Wir werden sehen, wie der Versuch, den Schmerz zu bekämpfen, ihn noch schmerzhafter machen kann und wie dich das gesellschaftliche System – Freundinnen und Freunde, Familie, Schule, Medien, Werbung, Institutionen und fast alle um dich herum – ermutigt, so viel Zeit in einen aussichtslosen Kampf zu stecken.

Dann werden wir uns das, **was für dich wirklich wichtig ist** – deine Werte –, anschauen und Wege, wie du sie herausfinden und ihnen näher kommen kannst. Wir werden auch besprechen, was **hier und jetzt** ist, um dir zu helfen, achtsamer zu sein. So bekommst du Abstand von den Dingen**, die einfach nur irgendwelche Dinge sind**. Abstand von all diesen Gedanken und Gefühlen, die sich groß und wichtig anfühlen, aber ganz schön im Weg sein können, wenn du dich für das einsetzt, was dir wirklich wichtig ist.

Und wie ich schon gesagt habe: Es wäre mir wichtig, wenn du diesen Ideen gegenüber einfach offen sein würdest, sie ausprobieren und dann entscheiden würdest, ob sie für dich sinnvoll sind.

Keines der Konzepte in diesem Buch habe ich selbst entwickelt. Die Ideen kommen aus der Akzeptanz- und Commitment-Therapie (ACT), die von Steven Hayes und anderen Psychologinnen und Psychologen entwickelt worden ist. ACT hilft Menschen, auf ihre eigenen Werte hinzuarbeiten und den endlosen und ermüdenden Kampf gegen schmerzhafte Gedanken und Gefühle aufzugeben. Ich finde den Ansatz sinnvoll und die Tools helfen mir, wenn ich sie in meinem eigenen Leben benutze und mit Jugendlichen arbeite. Ich habe meine eigenen Wege gefunden, diese Ideen zu erklären, die ich hier vorstelle. Wenn du gern mehr über ACT wissen möchtest, nachdem du das hier gelesen hast, dann findest du einige Lesetipps am Ende dieses Buches.

Bevor wir loslegen …

Nimm wahr, wie es sich anfühlt, einzuatmen ...

Nimm wahr, wie es sich anfühlt, auszuatmen ...

Nimm all die Gedanken wahr, die versuchen, dich abzulenken ...

Nimm die schmerzhaften Gefühle wahr, die aufkommen, und schau, ob du sie da sein lassen kannst, statt zu versuchen, sie zu ignorieren oder wegzuschieben ...

Nimm auch die Gedanken wahr, die dir sagen, dass du versuchen sollst, diese Gefühle zu ignorieren oder wegzuschieben ...

Nimm all die **Dinge** wahr, **die nerven und wehtun ...**

Kapitel 2:
Dinge, die wehtun

Sorgen

An manchen Tagen kann das Leben ganz schön Angst machen. Alle anderen scheinen zu wissen, was man tun muss und was man sagen muss, und du fühlst dich, als ob du noch nicht einmal weißt, wie man überhaupt lebt. Riesige Angst machende Gedanken tauchen auf.

Dinge wie:

- Was denken die anderen über mich?
- Sie bewerten mich.
- Sie werden denken, ich bin unsicher.
- Sie werden mich auslachen.

Und während dein Gehirn all diese Dinge sagt, eskaliert dein Körper:

- Bauchschmerzen
- Atemnot
- Herzrasen
- Schwitzen
- Erröten
- Zittern
- Übelkeit

Und noch mehr ...

Es kann sich anfühlen, als ob alle dich beobachten und nur darum keine Bemerkungen machen, weil sie höflich sind.

Sorgen machen das Leben schwer.

Traurigkeit

Jede und jeder hat ein anderes Wort für die eigene Traurigkeit. Manche nennen sie Depression oder eine Regenwolke oder einen Nebel. Es kann sich anfühlen, als ob man von einer schweren grauen Decke erdrückt wird. Alles sieht öde aus und fühlt sich zu schwer an.

Es fällt dir schwer zu schlafen, aber du fühlst dich viel zu müde, um aus dem Bett zu kommen. Du kannst dich nicht konzentrieren oder dich für irgendetwas interessieren. Es ist zu schwierig, etwas Neues anzufangen, und es ist völlig unmöglich, irgendetwas fertig zu machen. Es kann sich auch so anfühlen, als ob du nicht weinen kannst, obwohl du es möchtest.

Dein Kopf denkt über all die blöden Dinge nach, die geschehen sind, und an die schrecklichen Sachen, die eines Tages passieren werden, und erzählt dir, dass du nutzlos und dumm bist, weil du über all diesen nervigen Kram nachdenkst, obwohl es anderen Menschen viel schlechter geht.

Dein Körper wird schwer und langsam. Die Gedanken noch langsamer. In deinem Kopf entstehen alle möglichen Angst machende Phantasien – weglaufen, dich selbst verletzen oder sogar Selbstmord.

Manchmal fängt die graue Decke nach einigen Tagen an, sich zu heben, aber es fühlt sich in dieser Zeit viel länger an. Oder sie kann dich über Wochen oder Monate einhüllen, und je mehr du versuchst sie abzuschütteln, desto schwerer fühlt sie sich an.

Traurigkeit spielt eine wichtige Rolle in unserem Leben. Aber es kann so schwer sein, sich das klarzumachen, wenn man allein ist und unter einer schweren grauen Decke feststeckt.

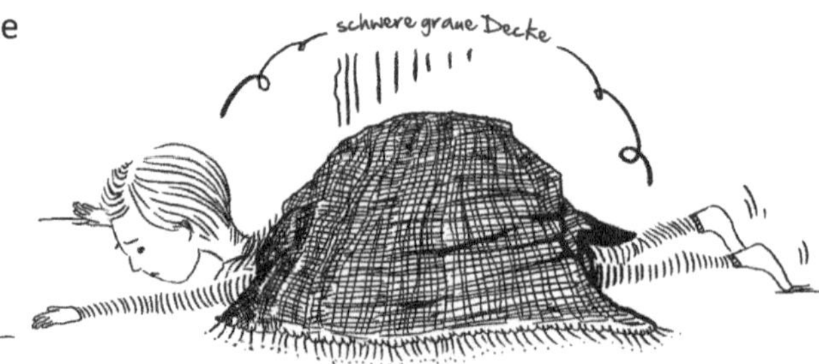

Einsamkeit

Wir leben in einer Welt, die uns sagt, dass wir eine individuelle und unabhängige Person sein sollen, aber das fühlt sich nicht immer sicher an. Manchmal fühlt Anderssein sich schmerzhaft und einsam an.

Es ist egal, wie viele Freundinnen und Freunde du hast und wie nahe sie dir sind. Es gibt Tage, da fühlst du dich, als ob niemand dich wirklich versteht. Als ob du nur eine Rolle spielst, die Rolle der Person, die du sein solltest. Aber tief in dir drinnen fühlst du dich total anders – abgetrennt von den anderen und fremd.

Und je mehr du eine Verbindung zu den anderen Menschen möchtest, desto weiter weg und verkehrter fühlst du dich.

Du versuchst, all die richtigen Worte zu sagen und die richtigen Sachen zu machen und die richtigen Spiele zu spielen, und fühlst dich immer noch allein und anders. Als ob niemand jemals verstehen könnte, wie komisch und isoliert du dich fühlst. Und du bist dir nicht mal sicher, ob du überhaupt möchtest, dass die anderen das wissen. Du fragst dich, ob die anderen überhaupt noch mit dir zusammen sein wollen, wenn sie dein wahres Ich sehen könnten.

Du versuchst, lustig genug oder klug genug oder cool genug zu sein, damit du zu ihnen passt.

Trotzdem kann es sich so anfühlen, als ob es nur eine Frage der Zeit wäre, bis sie die Wahrheit herausfinden. Dass sie entdecken, dass du ein Betrüger oder eine Betrügerin bist und nur angibst. Oder sie entdecken, dass du total kaputt und gar nicht liebenswert bist.

Wut

Es kann für dich schwierig sein, vernünftig zu denken, wenn du wütend bist. Oder vernünftig zu handeln. Oder vernünftig handeln zu wollen.

Es scheint viel befriedigender zu sein zu schreien oder zu fluchen oder mit Sachen zu schmeißen oder verletzende Bemerkungen zu machen oder mit Gewalt zu drohen oder sogar gewalttätig zu sein.

Jedenfalls kurzfristig.

Vielleicht maskiert deine Wut auch nur Traurigkeit oder Angst. Das ist eine andere Sache, die wehtut. Und zu Scham führen kann.

Scham

Von allen Gefühlen der Welt kann Scham
das Gefühl sein, über das am schwersten
zu sprechen ist. Oft ist es sogar am schwersten,
daran überhaupt zu denken. Die Erinnerung
an DIE SACHE, die du eigentlich gar nicht tun
oder sagen wolltest, die aber trotzdem
irgendwie passiert ist. Die Person, die du
nie sein wolltest, aber trotzdem geworden bist.
Die Erinnerung nagt immer weiter an dir. Vielleicht
fühlt es sich gar nicht richtig wie eine Erinnerung an,
sondern wie etwas, das immer und immer wieder geschieht –
jedes Mal, wenn du versuchst, etwas anders zu machen oder zu
sagen, und doch immer wieder dasselbe tust oder sagst.

Du kannst es sehen und fühlen – dieses Gefühl im Bauch, dein gerötetes Gesicht, deine geballten Fäuste.

Andere sagen dir vielleicht, dass es keine große Sache war, aber sie verstehen es einfach nicht. Es war das Allerschlimmste.

Schlimmer als alles davor.

Scham kann mehr schmerzen als alles andere.

Und manche Gefühle fühlen sich ungefähr so an:

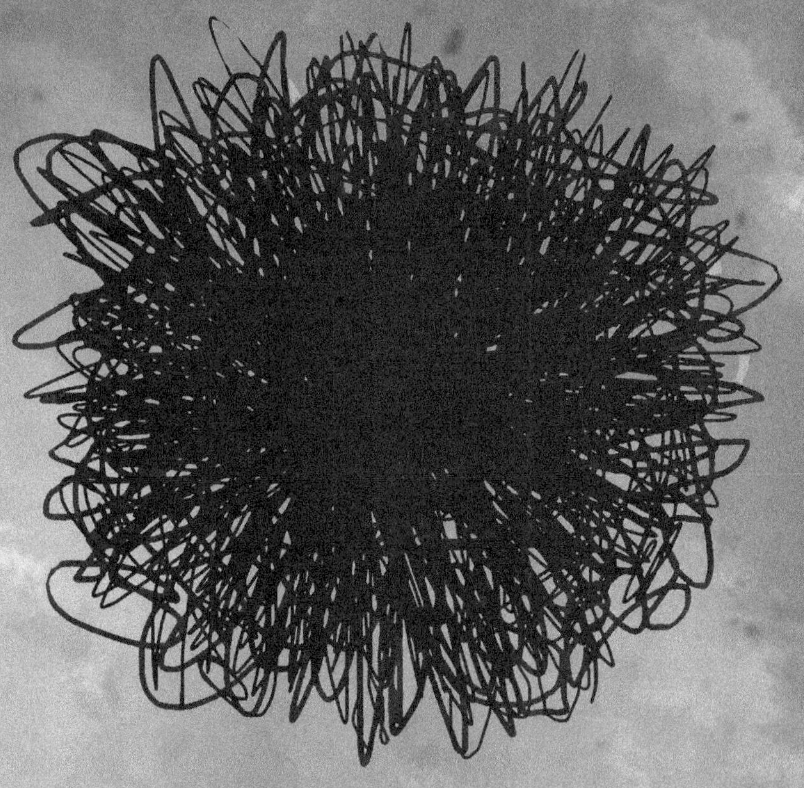

Und Worte können deine Gefühle gar nicht richtig beschreiben. Sprache kann gar nicht ausdrücken, wie schrecklich es sich anfühlt.

Schlimmes

Neben all diesen schmerzhaften Gefühlen leben wir auch noch in einer Welt, in der schlimme Sachen passieren können:

- Eltern streiten sich oder lassen sich scheiden
- Freundinnen, Freunde oder Familienmitglieder werden krank oder sterben
- Verletzungen und Unfälle
- Mobbing
- Misshandlung
- Vergewaltigung
- Trauma
- Trennungen
- Ablehnung
- Betrug

Wenn dir etwas von diesen Dingen passiert ist, dann fühlst du vielleicht eine Verletzung, die so schlimm ist, dass es sogar wehtut, daran zu denken oder daran erinnert zu werden.

Ein Schmerz, der brennt, während alle um dich herum mit ihrem Leben klarzukommen scheinen.

Ein Schmerz, um den du nicht gebeten hast, aber den du nun mit dir herumtragen musst.

Sachen, die der Verstand sagt

Und während du versuchst, mit diesen Gefühlen und Erlebnissen umzugehen, musst du auch noch damit klarkommen, dass dein Verstand Sachen sagt wie ...

- Ich nerve
- Ich mache alles falsch
- Niemand wird mich je verstehen
- Alle hassen mich
- Wenn jemand mein Geheimnis herausbekommt, ist mein Leben nicht mehr lebenswert
- Niemand sonst fühlt sich so
- Ich kann niemandem trauen
- Ich bin meinen Eltern egal
- Alle gucken mich an
- Niemand sieht mich an
- Es würde niemanden interessieren, wenn ich sterben würde
- Ich hasse mich
- Ich habe nicht darum gebeten, geboren zu werden
- Ich bin fett
- Ich bin hässlich
- Die anderen werden mir das nie verzeihen
- Es wird mir für immer so gehen
- Es ist einfach zu schwer
- Er hasst mich
- Und noch viele andere **Dinge, die wehtun** ...

Genau, manchmal fühlst und denkst du Sachen, die sich in dich hineinbohren und wehtun.

Aber warte, es geht noch schlimmer, weil die Welt um dich herum die Sachen noch viel schlimmer macht ...

Ich hasse mich
Wenn jemand mein Geheimnis herausbekommt, ist mein Leben nicht mehr lebenswert
Es würde niemanden interessieren, wenn ich sterben würde
Niemand sonst fühlt sich so
Ich habe nicht darum gebeten, geboren zu werden
Ich kann das niemals wieder gutmachen
Ich werde für immer so sein
Es ist einfach zu schwer

Kapitel 3:

Dinge, die schmerzhafte Dinge noch schmerzhafter machen

Dein Kopf sagt gemeine Sachen und wiederholt sie immer und immer wieder.

Jede und jeder von uns hat Gedanken, die wehtun; jede und jeder von uns kämpft mit eigenen immer wiederkehrenden Themen. Wir alle haben einen Verstand, der selbstkritische Sachen sagt, und diese Gedanken können es schwieriger machen, die Dinge zu tun, die wir tun müssen.

Manchmal kann es sich anfühlen, als wäre es besser, man hätte eine Gehirnoperation und könnte sein ganzes Hirn loswerden. Nur, der Verstand ist natürlich nützlich. Tatsächlich ist es ziemlich schwierig, ohne ihn überhaupt etwas hinzubekommen.

Anstatt unser Gehirn herausoperieren zu wollen, könnte es vielleicht hilfreich sein, wenn wir erstmal darüber nachdenken, warum wir überhaupt eins haben? Der Grund hierfür ist, weil der Verstand unglaublich gut darin ist zu tun, wofür er gemacht ist. Unglücklicherweise ist er nicht für das 21. Jahrhundert angefertigt worden, sondern schon sehr viel früher.

Stell dir vor, du hast ein Handy, das vor zehn Jahren gebaut wurde, und du versuchst, aktuelle Apps darauf zu nutzen. Das Handy wäre total langsam und würde immer wieder abstürzen. Auch wenn es damals, als es herauskam, die beste technische Ausstattung hatte, state-of-the-art gewesen ist, würde es doch mit der heutigen Technik kaum noch mithalten können. Aber wenn du es wegwerfen würdest, könntest du überhaupt niemandem mehr schreiben oder niemanden anrufen.

Gehirne waren am Anfang auch state-of-the-art. Damals bei den Höhlenmenschen stellten unsere Gehirne die beste Hirn-Technologie der Welt dar. Verglichen mit den Gehirnen von Mammuts, Säbelzahntigern oder anderen Wesen waren unsere Gehirne großartig. Sie waren so gut darin, ihre Aufgaben zu erledigen, dass Menschen überleben und sich weiterentwickeln konnten, obwohl andere Lebewesen größer, schneller oder stärker waren als wir.

Unser Gehirn

Gehirne als ultimative Survival-Tools

Hier passiert das Denken

Wie haben Gehirne uns dabei geholfen zu überleben? Oder genauer: Wie helfen uns diese großen überentwickelten Frontallappen zu überleben? Die Frontallappen sind der Teil des Gehirns, in dem das Denken stattfindet. Der Teil, den wir unseren „Verstand" nennen. Der Teil, von dem die Tiere weniger haben als wir.

Also, wie hilft der Verstand uns zu überleben? Indem er nach Gefahren Ausschau hält!

Alle schlauen Dinge, die unser Gehirn tun kann, haben sich entwickelt, um uns davor zu bewahren, von wilden Tieren gefressen (oder sonst wie verletzt) zu werden.

Menschen haben gelernt, Kategorien zu bilden und ihnen Namen zu geben, sodass wir sagen konnten: „Ich habe genau dieses gelb-schwarz gestreifte Tier noch nie gesehen, aber es sieht ziemlich genauso aus wie die gelb-schwarz gestreiften Tiere, die ich ‚Tiger' nenne, also halte ich mich davon lieber fern."

Wir haben gelernt zu vergleichen und darum konnten wir sagen: „Dieser Weg sieht sicherer aus als der andere Weg."

Wir haben gelernt, Situationen einzuschätzen und Probleme zu lösen. Darum konnten wir darüber nachdenken, wie wir einer Gefahr entkommen, wie wir Fallen bauen, um an Nahrung zu gelangen, oder wie wir andere Herausforderungen für unser Überleben meistern.

Das heißt nicht, dass der Steinzeit-Verstand den ganzen Tag über Gefahren nachgedacht hat. Wenn unsere Höhlen bewohnenden Ururgroßeltern sicher zu Hause in ihrer Höhle waren, dann konnten sie darüber nachdenken, wie man Feuer machen kann, oder welche Form sie dem Rad geben könnten, das sie gerade dabei waren zu erfinden.

Aber bei dem ersten Anzeichen von Gefahr – vielleicht ein Knurren in der Nähe oder das Knacken eines Zweiges – konzentrierte sich Ururgroßvater Og sofort auf die Bedrohung.

Und selbst heute würdest du, wenn du an einer Aufgabe arbeitest oder mit einer Freundin oder einem Freund redest, alles stehen und fallen lassen, wenn du einen lauten Knall oder Krach hörst. Du würdest versuchen herauszufinden, was für ein Geräusch das war, um sicher zu sein, dass dir und den anderen nichts passiert und ihr nicht in Gefahr seid.

Unser Verstand ist dafür gemacht, nach Gefahren Ausschau zu halten, und das ist seine allerwichtigste Aufgabe. Das kann man allerdings leicht vergessen, weil es nicht mehr sehr viele Säbelzahntiger auf unseren Straßen gibt, die versuchen, uns zu fressen.

Wenn unser Verstand also voller Sorgen ist, dann tut er nichts Dummes oder Schädliches. Er tut einfach das, wofür er gemacht ist, nämlich Ausschau zu halten nach allem, was uns schaden kann.

Gefahren des 21. Jahrhunderts

Was ist im 21. Jahrhundert die größte Gefahr, der du ausgesetzt bist? Was ist das Wichtigste, wonach dein Verstand Ausschau halten sollte?

- Erdbeben?
- Terrorismus?
- Globale Vernetzung?
- Reality-TV-Shows?

Diese Sachen können alle verdammt erschreckend sein, aber wir wissen über die Nachwirkungen von Katastrophen, dass Menschen alle Arten schrecklicher Situationen überstehen können, solange sie Unterstützung von anderen Menschen haben. Es wäre schrecklich, wenn dein Haus zusammenbrechen würde. Es wäre aber noch eine Million Mal schrecklicher, wenn du dann niemanden hättest, die oder der dich aufnehmen würde, dir Kleidung und Geld leihen, dich in den Arm nehmen und dir zuhören würde, wenn du reden musst.

Vielleicht ist die größte Gefahr, der wir in unserer modernen Zeit ausgesetzt sind, Ausgrenzung und soziale Ablehnung (das war auch schon in der Steinzeit eine große Gefahr, weil wir ohne die Unterstützung anderer schnell Tiger-Futter geworden wären). Zu den Menschen zu passen, zu denen du passen möchtest, ist absolut wichtig für das Überleben. Du möchtest, dass dein Freundeskreis und deine Familie dich lieben, dass Chefs dir eine Chance geben und dass Fremde dir auf der Straße helfen, falls dir etwas zustößt.

Forschungen zu sozialer Isolation belegen diese Zusammenhänge. Viele Studien zeigen, wie schlimm soziale Isolation für die körperliche und seelische Gesundheit ist. Wir brauchen andere Menschen. Manche Menschen haben gern viele Freundinnen und Freunde, andere ziehen ein oder zwei enge Freundinnen oder Freunde vor, aber wir alle brauchen andere Menschen.

Wenn es also die Hauptaufgabe deines Verstands ist, nach Gefahren Ausschau zu halten, und die größte Gefahr der Welt soziale Isolation darstellt, dann ist es nicht überraschend, dass dein Verstand nach Anzeichen sucht, ob du abgelehnt werden könntest.

- Mag sie ihn lieber als mich?
- Wie werde ich damit klarkommen, für immer allein zu sein?
- Warum versteht mich niemand?
- etc., etc., etc.

Dein Verstand versucht nicht, dich fertigzumachen. Er sucht nach Gefahren, damit du sicher und mit anderen Menschen verbunden bleiben kannst.

Und trotzdem fühlt es sich an, als ob dein Verstand dich fertigmachen will. Diese Gedanken, diese Sorgen können sich schrecklich anfühlen. Wie kommt das?

Ich gebe der Gesellschaft die Schuld ...

Wie das gesellschaftliche System dich dazu bringt zu scheitern

Wahrscheinlich wollen deine Eltern, Lehrerinnen und Lehrer, genauso wie Politikerinnen und Politiker und Stars dich alle dazu ermutigen, erfolgreich zu sein – sie wollen, dass du alles tust, was du nur kannst, um das Beste aus deinem Leben zu machen.

Im Großen und Ganzen ist das eine gute Sache. Nichts ist gemeiner als Menschen, die wollen, dass du Fehler machst, oder die dich dazu bringen, alles falsch zu verstehen.

Aber manchmal kann das gesellschaftliche System dich aus Versehen dazu bringen, Fehler zu machen.

Die Gesellschaft bringt dir bei, dass du immer glücklich sein solltest und alle anderen Gefühle nicht okay sind.

- Wenn du traurig bist, sagen die Leute: „Kopf hoch!"
- Wenn du Angst hast, sagen sie: „Hab keine Angst."
- Wenn du wütend bist, dann sagen sie: „Beruhige dich."
- Wenn du Kummer hast, bekommst du gesagt: „Das wird schon wieder."

Im Fernsehen sind alle glücklich oder jedenfalls sind sie nach 43 Minuten plus Werbung glücklich (und in den Werbespots sind alle glücklich, weil sie das Richtige trinken oder die richtigen Schuhe tragen).

Auf Instagram und Facebook zeigen alle, wie großartig ihr Leben ist und wie glücklich sie sind.

Da ist es nicht überraschend, wenn wir Gedanken haben, es sei etwas mit uns nicht in Ordnung, weil wir nicht ständig glücklich sind. Und um alles noch schlimmer zu machen, sagen viele dauernd, wir sollen das Gegenteil von dem fühlen, was wir tatsächlich gerade fühlen.

Doch die Welt ist oft ein erschreckender Ort, der wütend machen kann. Es ist sinnvoll, dass wir uns manchmal traurig oder ängstlich oder ärgerlich oder wie auch immer fühlen.

Merkst du, wie zwei vollkommen vermischte Botschaften bei dir ankommen?

Steinzeit-Verstand trifft moderne Gesellschaft

Die Aufgabe deines Verstandes ist es, nach Gefahren Ausschau zu halten. Das bedeutet, er sucht nach Zeichen dafür, ob mit dir etwas nicht stimmt, etwas, das dazu führen könnte, dass du sozial abgelehnt wirst. Trotzdem bringt die Gesellschaft dir bei, du sollst immer glücklich sein, wenn du normal sein willst. Wenn du nicht immerzu glücklich bist, wenn du manchmal andere Gefühle hast, dann kann es sein, dass du dich unnormal oder kaputt fühlst.

Wie kannst du in einer Welt, die voller trauriger, Angst machender und unfairer Dinge ist, immer glücklich sein? Manchmal wird es sich anfühlen, als ob du einfach nur noch schreien möchtest.

Um dich nicht so zu fühlen, als ob etwas mit dir nicht stimmt, strengst du dich an, nicht traurig zu sein.

Aber was passiert, wenn du traurig bist und jemand sagt: „Kopf hoch!"? Fühlst du dich dann besser? Oder fühlst du dich immer noch traurig? Manchmal kannst du dich dann sogar noch schlechter fühlen. Vielleicht bist du traurig über irgendetwas, das dich traurig gemacht hat, und jetzt hast du zusätzlich noch etwas, worüber du traurig bist – dass du traurig bist, obwohl du es nicht sein solltest. Du fängst vielleicht an zu denken, dass mit dir etwas nicht stimmt.

Ein großer Teil des Schmerzes und des Leidens kommt nicht durch deine Gefühle wie Traurigkeit oder Sorge oder Ärger oder andere Gefühle, sondern der Schmerz entsteht dadurch, dass wir so sehr versuchen, diese Gefühle nicht zu haben. Das sind die Dinge, die wirklich alles schlimmer machen.

Lila Kühe

Die Welt kann auch Gedanken schwierig machen.

Wie oft hat dir schon jemand gesagt, du musst positiver denken? Oder dass du nicht an dir zweifeln darfst, wenn du erfolgreich sein willst? Dass du nicht so viel an negative Sachen denken sollst?

Menschen, die solche Sachen sagen, versuchen vielleicht, dich aufzumuntern, aber diese „positiven" Gedanken können tatsächlich ganz schön negativ sein. Denn wenn du versuchst aufzuhören, über Zweifel und negative Gedanken nachzudenken, dann kann das nur schiefgehen. Ich erkläre dir, warum.

Erinnere dich daran, dass dein Verstand dazu gemacht ist, dich vor Gefahren zu schützen, und dass er das tut, indem er über all die gegenwärtigen, vergangenen und möglichen Gefahren nachdenkt, die ihm einfallen. Das ist eine wirklich nützliche Strategie, wenn die Gefahr von einem Tiger oder von außen kommt. Aber was passiert, wenn die Gefahr ein Gedanke ist?

Je gefährlicher du einen Gedanken einschätzt, desto mehr wirst du über ihn nachdenken. Je mehr du versuchst, keine „negativen" Gedanken zu haben, desto mehr wirst du sie haben. Vielleicht ist es auch unfair, sie „negative" Gedanken zu nennen, wenn sie doch nur versuchen, dich zu beschützen.

Lass mich dir zeigen, was ich über Gedanken denke.

Versuche an alles zu denken, was du willst, aber nicht an lila Kühe ...

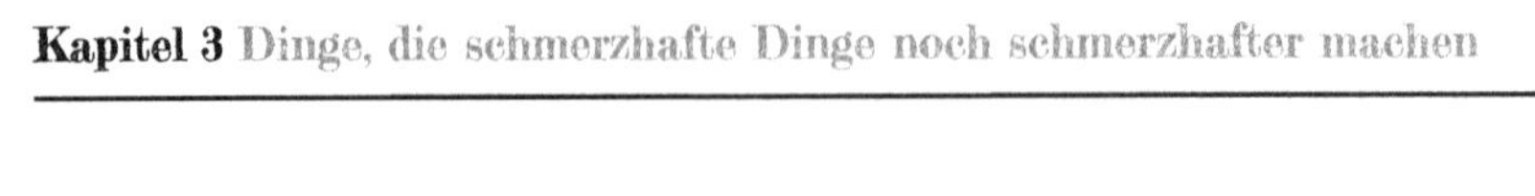

Mach noch ein bisschen weiter.

Und denk daran, du darfst nicht an lila Kühe denken ...

Was ist passiert?

Hast du an lila Kühe gedacht? Wahrscheinlich hast du dich voller Anstrengung auf etwas anderes konzentriert und nicht an lila Kühe gedacht – und dann hat dein Verstand sich entspannt und ... hallo, lila Kuh!

Wie oft hast du zuvor schon an lila Kühe gedacht? Nicht oft, vielleicht noch nie. Aber sobald ich gesagt habe, du sollst nicht an eine lila Kuh denken, muh, da ist der Gedanke.

Und wenn das schon mit lila Kühen passiert, um wie viel intensiver wird es mit Gedanken sein, von denen du glaubst, sie sind gefährlich, erschreckend oder schmerzhaft? Solche Gedanken, von denen die Gesellschaft sagt, du solltest sie nicht haben?

Hmm, es sieht so aus, als ob das gesellschaftliche System uns dazu bringt, uns schlecht zu fühlen, indem es uns erzählt, wir sollten immer glücklich und positiv sein. Je mehr wir versuchen, negative Gedanken zu vermeiden, desto mehr haben wir sie und desto schlechter fühlen wir uns.

Abgestempelt

Und genau wie du gesagt bekommst, welche Gefühle du haben solltest und welche nicht, so wirst du von anderen abgestempelt und auf bestimmte Verhaltensweisen festgelegt. Vielleicht bist du als Streber bekannt, der immer gut in der Schule ist, oder als Klassenclown, von dem alle erwarten, dass er die ganze Zeit Witze macht, oder vielleicht bist du die Wilde, die immer bereit ist, etwas Verrücktes zu tun.

Manchmal ist es lustig oder einfach bequem, deine Rolle in der Gruppe zu kennen. Und ich wette, es gab andere Momente, in denen du dich in den Erwartungen der anderen gefangen gefühlt hast. Sie haben dich in eine Schublade gepackt und es ist schwer, einen Weg zu finden, anders zu sein.

Streber können vor jeder Arbeit Angst haben, weil sie das Gefühl haben, ihre ganze Identität zu verlieren, wenn sie schlecht abschneiden. Und wenn sie nicht schlau sind, was sind sie dann?

Wilde Typen können das Gefühl haben, dass es nicht in Ordnung ist, eine ruhige Nacht zu haben und nicht betrunken und aufgekratzt zu sein. Sie haben Angst, was die anderen denken könnten, wenn sie aus ihrer gewohnten Rolle heraustreten.

Normalerweise wissen wir, dass wir viel mehr sind als diese Stempel, die andere uns aufgedrückt haben. Aber manchmal ist es schwer, sich daran zu erinnern. Manchmal halten wir an einer Rolle fest, die die Menschen um uns herum uns gegeben haben, aus Angst, sie würden uns sonst verlassen.

Als was bist du schon abgestempelt worden?
Hast du dir sogar schon selbst solche Stempel gegeben?

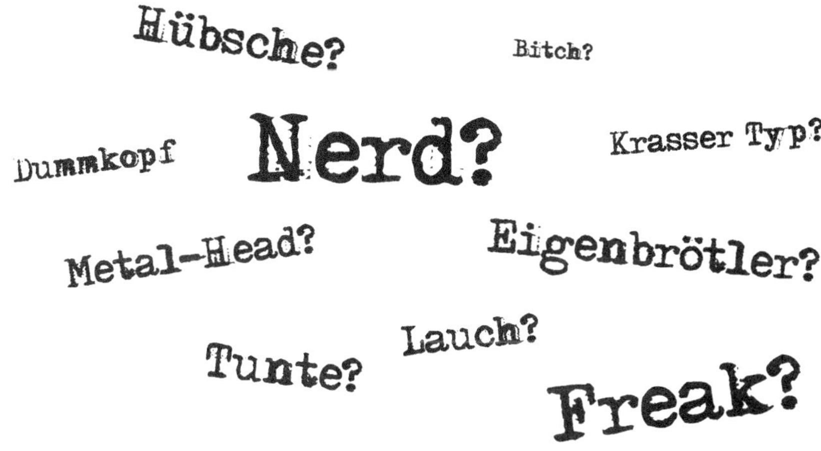

Ich wette, es war ganz schön schmerzhaft, als du dich durch Erwartungen wie gefangen gefühlt hast.

Vielleicht war es an den Tagen, an denen du selbst daran geglaubt hast, noch schmerzhafter. Wenn es aufgehört hat, sich wie ein Stempel anzufühlen, und angefangen hat, sich wie eine Tatsache anzufühlen. Wenn es angefangen hat, sich anzufühlen wie DU.

Statt jemand zu sein, der manchmal gute Arbeiten schreibt, bist du der Streber geworden, mit all dem dazugehörigen Druck, den das mit sich bringt. Auf einer Party warst du mal still und schon bist du die Eigenbrötlerin geworden, was es viel schwerer macht, auf anderen Partys etwas zu sagen. Du hast gemeine Bemerkungen gemacht und bist jetzt die Zicke. Ein Vorfall in dieser einen Nacht und du bist die Schlampe. Bald ist es nicht mehr einfach ein Stempel, sondern DU bist es. Und obwohl du es vielleicht hasst, dass du diese Rolle bist, hast du vielleicht Angst davor, was noch da ist oder nicht mehr da ist, wenn du die Rolle aufgibst. Dein Verstand sagt dir vielleicht, dass dann nichts mehr übrig bleibt. Und das ist ein schrecklicher Gedanke.

Aber warte, es kommt noch schlimmer ...

Zurück zur Steinzeit

Erinnerst du dich an unseren Steinzeitfreund Og? Sein Verstand war immer auf der Suche nach Gefahren. Wenn er in der Ferne einen Tiger gesehen hat, dann hat sein Körper sich sofort bereit gemacht wegzurennen oder einen Tiger in den Hintern zu treten oder was immer er in der Säbelzahntiger-Spezial-Naturserie auf Youtube gelernt hat. Seine Antwort auf Furcht kam also sofort – sein Herz schlug schneller, sein Magen zog sich zusammen, seine Muskeln spannten sich an und im Brennpunkt seiner Aufmerksamkeit war einzig und allein der Tiger. Das war eine hervorragende Überlebensstrategie.

Eines Tages dann sah Og den Tiger gar nicht selbst, sondern hörte seinen Freund Gog schreien: „Tiger!" Was tat Og? Schaute er sich in aller Seelenruhe um, um zu sehen, wovon Gog sprach? Kein bisschen. Sobald Og das Wort „Tiger" hörte, reagierte er, als hätte er den Tiger selbst gesehen – er spannte sich an, Angst stieg in ihm auf und er bereitete sich darauf vor, mit dieser Bedrohung klarzukommen. Das ist eine der Möglichkeiten, wie Menschen sich gegenseitig helfen, trotz größerer oder schnellerer Gegner zu überleben – gutes altes Teamwork. Wir hören ein Wort (oder denken es nur) und schon reagieren wir, als wäre die Bedrohung direkt da. Und das gilt nicht nur für Bedrohungen. Wenn du das Wort „Kuchen" hörst, dann wirst du vielleicht hungrig, oder wenn du das Wort „kotzen" hörst, wird dir vielleicht schlecht. Du hörst ein Wort oder denkst einen Gedanken und dein Körper fühlt sich an, als würde es genau jetzt geschehen. Aber zurück zu den Worten, die die Gesellschaft in unserer heutigen Zeit in die Gefahrenzone eingestuft hat, wie „Traurigkeit", „Versagen", „Ablehnung", „fett". Wenn du das oben beschriebene Tiger-Prinzip anwendest, kannst du erkennen, dass wenn du ein Wort nur denkst, es sich schon anfühlen kann, als wäre es wahr und würde jetzt passieren. Wenn du denkst, „ich könnte versagen", dann fühlst du dich schon gleich wie eine Versagerin oder ein Versager. Wenn du daran denkst, abgestempelt zu werden, dann fühlt es sich an wie eine Tatsache.

Also versuchst du weniger negativ zu denken und sagst zu dir selbst: „Denke: ‚Nicht versagen!'" Nur, was fällt dir bei diesem Satz auf? Genau, er beinhaltet immer noch das Wort „versagen" und löst die Gefühle aus, die damit zusammenhängen.

Also versuchst du, positiv zu denken, wie es dir schon so viele Leute gesagt haben. Du sagst dir immer und immer wieder: „Ich werde es schaffen", und es fühlt sich irgendwie toll an, bis dein Kopf früher oder später denkt: „Ich muss weiter daran denken, dass ich es schaffe, weil ich nicht an Versagen denken will." Und BUMM – haben sich die Versagensgefühle wieder eingeschlichen.

Und außerdem fühlen sich die „Ich schaffe es"-Gedanken auch nicht so wahr an und lösen nur mehr Gedanken aus wie: „Werde ich es wirklich schaffen?" oder „Was, wenn nicht?" oder „Wie war das immer, wenn ich es nicht geschafft habe?"

Ein Vollzeitjob

Je mehr du versuchst, bestimmte Gedanken und Gefühle nicht zu haben, desto mehr wirst du sie haben. Je mehr du versuchst, immer glücklich und selbstsicher zu sein, desto schlechter fühlst du dich vielleicht.

Und du hast schon so viel versucht, um diese Gedanken und Gefühle zu vermeiden. Schau dir mal diese Liste an. Was davon hast du schon versucht, um unerwünschte Gedanken und Gefühle nicht zu haben?

Wenn du ein bisschen wie ich bist oder wie all die anderen Menschen, die ich getroffen habe, dann kann ich mir vorstellen, dass du schon ziemlich viele Sachen von dieser Liste ausprobiert hast. Vielleicht machst du einige dieser Dinge jeden Tag. Und was hat es dich gekostet?

Totale Kontrolle über alle Gedanken und Gefühle haben und sich manche ganz vom Leib halten zu wollen, kann ein Vollzeitjob sein.

Wie oft hast du es nicht geschafft, Dinge zu tun, die dir wirklich wichtig sind, weil du zu sehr damit beschäftigt warst zu tun, was die Gesellschaft dir sagt, und du zu sehr versucht hast, nicht traurig, ängstlich oder wütend zu sein?

Zum Beispiel könntest du sagen: „Ich frage diese Person nicht, ob wir uns verabreden wollen, weil ich traurig sein werde, wenn sie ‚nein' sagt."

Oder: „Ich lerne nicht für diese Prüfung, weil ich jedes Mal, wenn ich daran denke, Angst bekomme."

Oder: „Ich sage nicht, wie ich mich wirklich fühle, weil ich dann vielleicht abgelehnt werde."

Wenn du dich darauf konzentrierst, Traurigkeit, Sorgen, Wut, Schuld, Scham zu vermeiden (wie wir alle von Zeit zu Zeit), dann ist nicht mehr genug Energie übrig für **das, was dir wirklich wichtig ist** – Freundinnen und Freunde, Familie, Kreativität, Lernen, Gerechtigkeit oder wer und was immer dir wirklich etwas bedeutet.

Und das ist wirklich übel ...

Also, was ist dann die Lösung?

Okay, vielleicht hast du inzwischen gemerkt, dass du dich, je mehr du versuchst, nicht traurig oder voller Sorgen zu fühlen, umso schlechter fühlst. Und je mehr du versuchst, bestimmte Gedanken nicht zu denken, desto mehr denkst du sie. Und je tiefer du im Kampf mit diesen Gedanken und Gefühlen steckst, desto weniger Zeit und Energie hast du für andere Sachen.

Aber was ist die Alternative?

Wenn du sie sowieso nicht besiegen kannst, könntest du vielleicht versuchen, sie nicht zu bekämpfen? Lass sie da sein, ohne mit ihnen zu kämpfen.

Das klingt vielleicht wie eine verrückte Idee. Schmerzhafte Dinge einfach da sein zu lassen, klingt – naja, schmerzhaft.

Warum solltest du es mit all diesen schmerzhaften Gedanken und stressigen Gefühlen aushalten?

Was soll das alles?

Komm schon, was soll das, **worum geht es?**

Darum geht es

Erinnere dich daran, als du in der Schule im Ethikunterricht gesessen hast, ihr über den Sinn des Lebens diskutiert habt und ...

Moment mal, was hast du gesagt? Deine Schule hat euch nie etwas über Werte beigebracht? Du bist niemals ermutigt worden, über den Sinn des Lebens zu diskutieren, oder worum es im Leben überhaupt gehen soll? Du hast nur Algebra gelernt, Gedichte, Gebirgszüge, und dann, wenn die Schulzeit zu Ende ist, erwarten sie von dir, dass du weißt, wofür du leben willst und warum? Oder vielleicht bist du auf eine dieser Schulen gegangen, wo sie dir gesagt haben, was deine Werte sein sollen, ob sich das für dich nun richtig angefühlt hat oder nicht.

Heutzutage gibt es so viele Möglichkeiten, was du tun kannst und wo du es tun kannst. Es kann Angst machen, sich zu entscheiden. Sogar lähmen. Manchmal gibt es so viele Richtungen, in die du gehen kannst, dass es sich sicherer und leichter anfühlt zu bleiben, wo du bist, und dich gar nicht zu bewegen. Aber natürlich, das funktioniert nicht. Auch wenn du dir noch nicht sicher bist, was deine Werte sind, lässt die Gesellschaft dich nicht in Ruhe. Wenn du nicht weißt, was dir wichtig ist, kannst du einfach in die Richtung geschubst werden, die die Gesellschaft richtig findet.

Wie ich am Anfang schon gesagt habe, ich behaupte nicht, auf alles eine Antwort zu haben – bitte glaube nichts, nur weil ich es sage. Aber es erscheint mir wichtig, meine Gedanken über den Sinn des Lebens mit anderen zu teilen, wenn du also möchtest, lies einfach weiter ...

Auf der nächsten Seite wirst du sehen, was ich darüber denke, worum es wirklich geht. Lies es, denk darüber nach und schau, ob es auch für dich irgendwie Sinn hat. Wenn ja, dann ist es vielleicht eine Idee, die hilft. Wenn nicht, kein Problem, das restliche Buch wird trotzdem weiter Sinn ergeben. Setze einfach deine eigene Sicht über den Sinn des Lebens ein, wenn wir über Werte sprechen. Oder setze die Idee ein, dass du vielleicht eines Tages eine Ahnung davon haben wirst, was wirklich wichtig für dich ist.

Und hier ist, was ich denke:

Finde heraus,
was dir wichtig ist …
und dann kümmere dich darum.

Das ist alles.

Das ist, was ich für den Sinn des Lebens halte.

Ich weiß, es kann richtig schwer sein zu erkennen, wer und was dir wirklich etwas bedeutet. Deshalb enthält das nächste Kapitel einige Übungen, die dir helfen können herauszufinden, was dir wirklich wichtig ist. Danach schauen wir, wie du dich darauf konzentrieren kannst, **was hier und jetzt ist**, damit du tatsächlich etwas dafür tun kannst, **was dir wichtig ist**.

Kapitel 4: Was wirklich wichtig ist

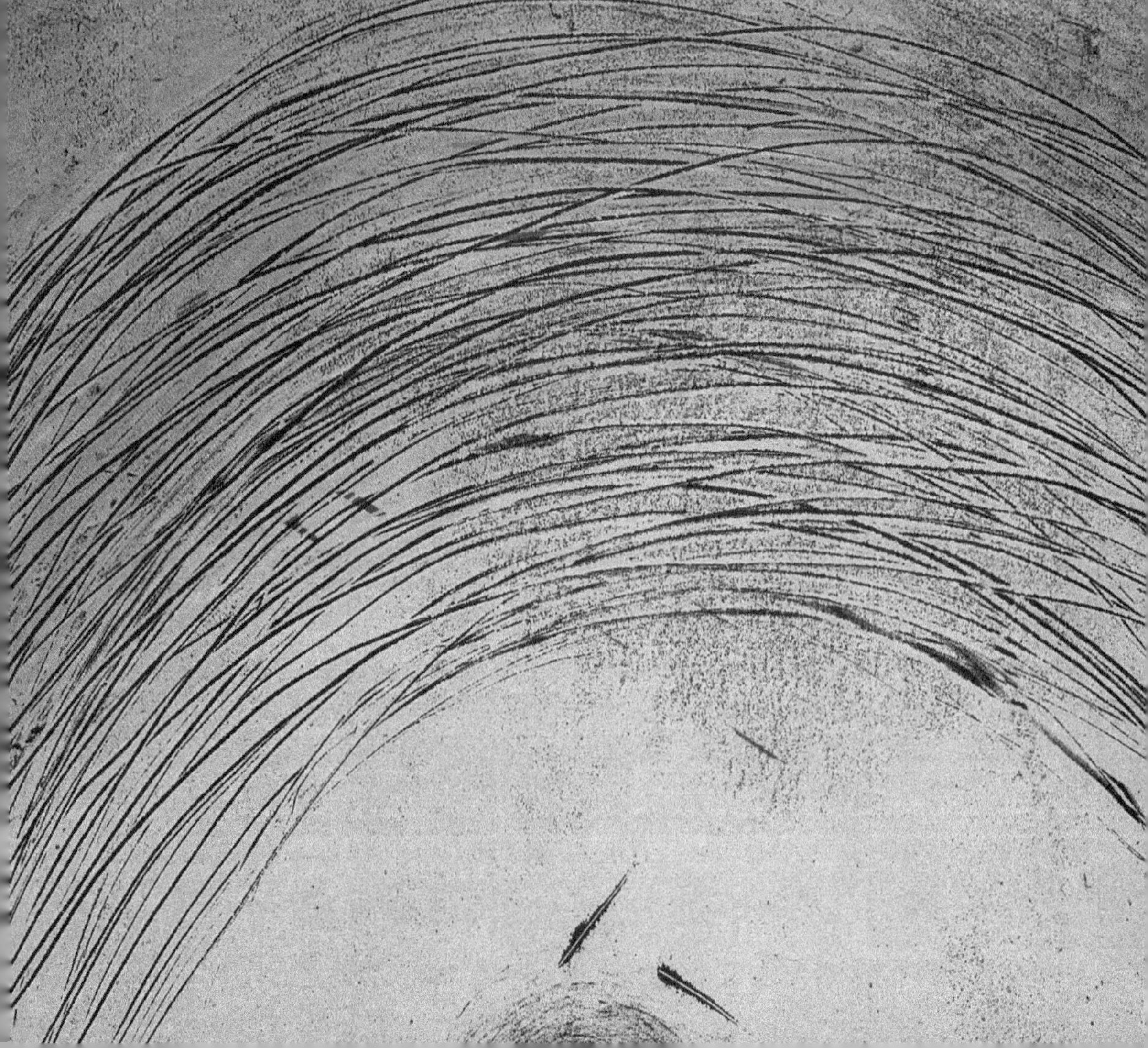

Genau richtig

Gab es für dich schon mal eine Zeit, in der sich alles einfach richtig oder bedeutsam angefühlt hat? Vielleicht war es ein Tag oder eine Stunde oder nur eine Sekunde, aber in diesem Zeitraum waren all die traurigen oder Angst machenden Dinge oder der ganze Stress dir egal, in diesem Moment fühlten sich die Dinge einfach richtig an.

Ich weiß noch genau, wie ich eines Nachts an einen Strand gegangen bin und mit Freundinnen und Freunden ein Feuer gemacht habe. Wir sind die ganze Nacht dort geblieben, haben Geschichten erzählt, Gitarre gespielt und einige tiefsinnige Gespräche geführt. Schließlich haben wir dem Sonnenaufgang über dem Meer zugeschaut.

Während ich darüber schreibe, klingt es irgendwie abgedroschen und klischeehaft, aber wenn ich diese Bewertungen sein lasse und stattdessen zu den Gefühlen und Empfindungen zurückkomme, dann kann ich mich daran erinnern, dass das Universum sich einfach genau richtig anfühlte.

Ein anderes Mal war ich in New York unterwegs, als ich die Nachricht bekam, dass mein erster Neffe geboren war. Ich war so begeistert, dass ich in dem Hotel, in dem ich wohnte, herumlief und es jedem und jeder Fremden, die ich finden konnte, erzählte, einfach, um meine Freude zu teilen.

Denk an solche Zeiten, die du erlebt hast, und wenn du diesen Absatz gelesen hast, möchte ich, dass du die Augen schließt und dich in so einen Moment hineinversetzt. Nimm wahr, wie es sich anfühlt, wieder dort zu sein. Mit wem bist du zusammen? Welche Gefühle fühlst du? Wo in deinem Körper kannst du diese Gefühle spüren?

Okay, fang jetzt an. Bis gleich – auf der nächsten Seite!

Wie war das?

Was hat diesen Moment so besonders gemacht?

Hat sich der Moment, den du ausgesucht hast, darum so richtig angefühlt, weil er mit etwas verbunden war, das für dich wirklich wertvoll ist? Vielleicht warst du mit Freundinnen und Freunden oder deiner Familie oder Tieren zusammen oder draußen in der Natur oder hast etwas Kreatives gemacht, aber ich vermute, dass es eine starke Verbindung für dich gab.

Der Besuch

Stell dir vor, du sitzt, wo du gerade sitzt, und tust, was du gerade tust (das sollte nicht so schwer vorzustellen sein), und dann geht die Tür auf und eine Person tritt ein, die dir irgendwie bekannt vorkommt. Du merkst, dass sie dir deshalb so bekannt vorkommt, weil du es selbst bist, und zwar in zehn Jahren. Dein Zukunfts-Du sagt deinem Gegenwarts-Du, dass du für eine ganz kurze Unterhaltung in einer Zeitmaschine zurückgekommen bist. Ich weiß, dass es schon schwierig sein kann, sich vorzustellen, überhaupt eine Zukunft zu haben, aber irgendwie hast du die 10-Jahre-Zukunftszeit geschafft. Dieses Zukunfts-Du ist nicht bedrohlich, sondern einfühlsam und auf deiner Seite.

Die Zeit ist knapp und so kommt dein Zukunfts-Du sofort zur Sache und erzählt dir, was wirklich wichtig ist. Was sagt dein Zukunfts-Du zu dir?

Hör deinem Zukunfts-Du ein paar Minuten zu und nimm wahr, wie dein Körper sich anfühlt, während sie oder er mit dir spricht.

Gibt dein Zukunfts-Du Ratschläge? Erinnert sie oder er dich an die Dinge, die dir wirklich wichtig sind, die du aber irgendwie immer wieder vergisst? Warnt dein Zukunfts-Du dich davor, was passieren wird, wenn du so weitermachst (aber sagt es in einer freundlichen und besorgten Art, nicht wie in einem „Ich habe es dir doch gesagt"-Vortrag)?

Waren die Dinge, an die dein Zukunfts-Du dich erinnert hat, die Dinge, die dir wirklich wichtig sind? Die dir wirklich etwas bedeuten?

Möchtest du dein Zukunfts-Du etwas fragen? Was antwortet sie oder er?

Dann muss dein Zukunfts-Du wieder los. Aber zuerst dreht dein Zukunfts-Du sich noch einmal um und sagt noch eine Sache. Was ist es? Was kannst du in deinem Körper wahrnehmen, während dein Zukunfts-Du diese letzte Sache sagt?

Bleib noch für eine weitere Minute mit diesem Gefühl sitzen ...

Werte

„Werte" ist ein Wort, das viel benutzt wird. Wir hören von „gemeinsamen Werten" oder „Familienwerten" oder dem „Wert von Sachen". Aber es fühlt sich so an, als ob nicht genug darüber gesprochen wird, was Werte wirklich sind.

Und wenn wir über Werte sprechen, dann retten wir uns oft in große aufgeblasene Worte wie „Respekt" oder „Liebe" oder „Vertrauen" oder andere Worte, die bedeutend klingen, sich aber so überdimensional anfühlen, dass sie schon wieder bedeutungslos werden oder es sehr schwer ist, an ihnen dranzubleiben.

Wenn ich über Werte spreche, dann meine ich, was dir wirklich wichtig ist. Wenn du mal all die kritischen Gedanken und vorüberziehenden Gefühle beiseitelässt, was bleibt dann übrig? Was war es, warum hat sich dieser Moment in deiner Vergangenheit so richtig angefühlt? Was war es, das dein Zukunfts-Du dir in eurem kurzen Gespräch gesagt hat?

Ich verbringe viel Zeit damit, mit Menschen über ihre Werte zu sprechen, und oft erwähnen sie Freundinnen und Freunde, Familie, Beziehungen, Lernen, neue Dinge ausprobieren, Kreativität, Tiere, die Umwelt, soziale Gerechtigkeit, Hobbys oder Spiritualität.

Hat irgendetwas davon auch für dich Bedeutung? Vielleicht gibt es andere Dinge, die dir wichtig sind. Ich bin nicht hier, um dir zu sagen, was deine Werte sind oder sein sollten, aber ich kann eine Übung dir vorschlagen, die dir helfen kann zu unterscheiden, was dir wichtig ist und was dir absolut lebenswichtig ist.

Warum ist es wichtig herauszufinden, was für dich lebenswichtig ist?

Weil Werte uns die Richtung anzeigen, in die wir uns bewegen können.

Wenn wir die Richtung nicht kennen, in die wir gehen wollen, dann gehen wir einfach irgendwohin und wissen gar nicht, ob wir überhaupt näher dorthin kommen, wo wir sein wollen.

Werte sind außerdem wichtig, weil alle versuchen, dir ihre Werte aufzudrücken. Eltern, Freundinnen, Freunde, Schule, Regierung und große Unternehmen, sie alle wollen dich in die Richtung schieben, die ihnen wichtig ist. Wenn du also nicht weißt, was dir wichtig ist, dann wirst du in die Richtung der anderen geschubst. Die ganze Zeit herumgeschubst zu werden, kann ganz schön wehtun.

Richtungen

Lass uns einen Blick auf eine Werteliste werfen. Schätze für jeden Bereich auf der Liste ein, wie wichtig er dir ist, und benutze dafür die hier folgende Skala. Bitte schreib dir die Zahlen alle auf, weil wir darauf zurückkommen werden.

1 = Er ist nicht wichtig
2 = Er ist für mich ein bisschen wichtig
3 = Er ist mir wichtig
4 = Er ist mir sehr wichtig
5 = Er ist lebenswichtig für mich

Die Bereiche auf dieser Liste müssen nicht in eine Rangfolge gebracht werden, sie können alle mit 5 notiert werden, wenn sie gleichermaßen lebenswichtig sind. Werte können sich ändern – du musst dich diesen Werten nicht für immer verpflichten. Wichtig ist, dass sie jetzt für dich bedeutsam sind.

Eine gute Freundin/ein guter Freund sein ____________________

Eine gute Partnerin/ein guter Partner sein ____________________

Eine gute Tochter/ein guter Sohn sein ____________________

Ein guter Bruder/eine gute Schwester sein ____________________

Ein guter Schüler/eine gute Schülerin sein ____________________

Eine gute Arbeitnehmerin/ein guter Arbeitnehmer sein ____________________

Gut zu mir selbst sein ____________________

In meinen Hobbys aktiv sein ____________________

Kreativ sein ____________________

Produktiv sein ____________________

Ein gutes Gemeindemitglied sein
(in der Gemeinde, die dir wichtig ist) ____________________

Ein gutes Mitglied der Menschheit sein
(soziale Gerechtigkeit) ____________________

Ein guter Erdbewohner/eine gute Erdbewohnerin sein
(Umwelt, Tierschutz oder was immer dir wichtig ist) ____________________

Spirituell verbunden sein
(was immer Spiritualität für dich bedeutet) ________________
(weitere Ideen hier eintragen) ________________
(weitere Ideen hier eintragen) ________________

Wie ging es dir mit dieser Übung? Wenn ich sie mache, dann merke ich, dass manche Werte für mich ganz klar und offensichtlich sind. Andere sind wichtig für mich, fühlen sich aber schwerer zu erreichen an, sodass es nicht so einfach ist, sie als lebenswichtig einzuschätzen. Es fühlte sich zum Beispiel in den Zeiten, in denen ich Single war, ganz leicht an, nach meinem Wert, ein guter Freund zu sein, zu leben. Es wurde aber viel schwieriger, als ich auch nach meinem Wert, ein guter Partner zu sein, leben wollte.

Den Worten Taten folgen lassen

Lass uns nochmals zurückgehen und jeden Wert daraufhin anschauen, wie sehr du dich für ihn einsetzt. Zeigst du mit dem, was du tust, dass es etwas ist, das dir wichtig ist? Nimm einen Stift mit einer anderen Farbe und markiere in einer zweiten Einschätzung:

1 = Kein bisschen auf dem Weg zu diesem Wert (wenn du mich eine Woche lang beobachten würdest, könntest du mich nichts tun sehen, das dir sagt, dieses Thema ist mir wichtig)
2 = Ein bisschen vom Weg abgekommen
3 = Meistens auf dem Weg
4 = Auf dem Weg
5 = Im Lexikon könnte neben diesem Wert ein Foto von mir sein

Was ist dir aufgefallen, als du dir diese zweite Einschätzung gegeben hast? Als du dich daraufhin eingeschätzt hast, ob du Dinge tust, **die bedeutsam für dich sind**, hast du „Wow!" gesagt oder „Mist"? Fühlst du dich auf dem Weg oder eher nicht? Wenn es dir wie den meisten anderen Menschen geht, dann fühlst du dich wahrscheinlich bei manchen Werten ganz gut auf dem Weg und ein bisschen abseits bei anderen. Also, wie kannst du es hinbekommen, mehr auf dem Weg zu den Dingen zu sein, die dir wichtig sind?

Losgehen

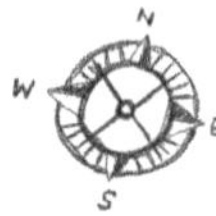

Stell dir vor, du triffst jemanden, der am Bahnhof sitzt und allen erzählt, wie super es ist, nach Westen zu gehen. „Westen ist der Weg der Zukunft“, sagt er, „wir sollten alle in diese Richtung gehen.“

Ein Jahr später kommst du wieder an diesem Bahnhof vorbei und derselbe Typ ist dort, an genau derselben Stelle, und erzählt immer noch allen, dass sie nach Westen gehen sollen. „Du musst nach Westen ziehen, um ein sinnvolles Leben zu haben“, verkündet er, „das ist der Weg zu Glück und Zufriedenheit.“ Ein weiteres Jahr später kommst du wieder an demselben Bahnhof vorbei und der Typ ist immer noch da. Genau da. Er hat sich nicht einen Zentimeter in Richtung Westen bewegt. Dieses Mal hältst du an und fragst ihn, warum er so ein großer Fan davon ist, nach Westen zu gehen, und er erzählt dir all die Dinge, die er über den Westen gelesen hat, empfiehlt ein paar nützliche Websites und zeigt dir sogar ein paar Bilder aus der Gegend, die er aus Broschüren ausgeschnitten hat und die du sehen wirst, wenn du nach Westen gehst. Du fragst ihn, was das Beste ist, das er beim Reisen nach Westen je gesehen hat, aber er schüttelt nur seinen Kopf.

„Ich bin nie westlicher als jetzt gewesen, zu viele Schlaglöcher auf dem Weg dahin. Ich warte darauf, dass sie die Straße ausbauen, sodass es eine bequemere Reise wird“, sagt er dir. „Aber“, fügt er stolz hinzu, „ich habe mich in den letzten paar Jahren nicht einen Zentimeter Richtung Osten bewegt.“

Wie ernst würdest du den Rat dieses Mannes nehmen, nach Westen zu gehen? Wenn nach Westen der Weg ist, den man gehen muss, dann ist es das vielleicht wert, ein paar Schlaglöcher zu bewältigen, um in diese Richtung voranzukommen?

Werte sind wie Richtungen auf einem Kompass. Sie sind bedeutungslos, wenn du dich nicht bewegst.

Darüber sprechen, dass du es gut findest, nach Westen zu gehen, bedeutet nicht viel, wenn du nicht wenigstens einen kleinen Schritt in diese Richtung machst. Das heißt nicht, dass es immer leicht sein wird, nach Westen zu gehen, oder dass du dich jeden Tag kilometerweit in diese Richtung bewegen kannst. An manchen Tagen fühlt es sich an, als ob du in alle Richtungen gezogen wirst oder als ob du dich gar nicht bewegst. Die Sperren können Gedanken, Gefühle, Erinnerungen, Körperempfindungen oder andere Menschen und ihre Regeln sein. Aber trotzdem ist es wert, in die Richtung zu gehen, die dir wichtig ist – auch wenn du es manchmal nur schaffst, winzige Schritte zu machen.

An manchen Tagen kann es ganz leicht sein, die Freundin oder der Freund zu sein, die oder der du sein möchtest (vorausgesetzt, das ist dir wichtig). Du kannst einer Freundin oder einem Freund bei einem Problem helfen, mit ihnen abhängen oder sie umarmen. An anderen Tagen kann es schwer sein, weil du viel für die Schule tust oder deine Freundinnen und Freunde weg sind oder du fühlst dich deprimiert oder als ob du im Moment gar keine Freundinnen und Freunde hättest oder was auch immer ...

Aber sogar an solchen Tagen ist es möglich, einen winzigen Schritt in Richtung auf diesen Wert zu gehen. Zum Beispiel könntest du eine kurze Nachricht senden oder jemanden anlächeln, mit dem oder mit der du gern enger befreundet wärst, oder einfach nur an Orten sein, an denen du vielleicht Leute treffen könntest, die deine Freundinnen oder Freunde werden könnten.

Manchmal ist die Richtung, die dir wichtig ist, nicht dieselbe Richtung, die die anderen Menschen um dich herum einschlagen. Der Schritt, den du gehst, bringt dir vielleicht nicht immer viele Likes. Aber es ist immer noch ein Schritt, der dir wichtig ist.

Während du deine Schritte machst, kommst du an Orientierungspunkten vorbei, die dir zeigen, dass du auf dem richtigen Weg bist. Diese Orientierungspunkte sind deine Ziele. Manche von diesen Punkten sind mit nur wenigen Schritten zu erreichen, andere sind kilometerweit entfernt, aber es sind alles Dinge, die du erreichen kannst und die dich deinen Weg selbstbewusster gehen lassen.

Ohne Richtung sagen Orientierungspunkte dir nicht viel. Ohne Orientierungspunkte hast du keine Ahnung, ob du überhaupt vorankommst.

Ohne Werte sind Ziele nicht bedeutsam, sie sind nur Ablenkung. Ohne Ziele weißt du nicht, ob du im Einklang mit den Dingen lebst, die dir wirklich wichtig sind. Wenn es dir zum Beispiel wichtig ist zu reisen, dann setzt du dir vielleicht das Ziel, hundert Wörter in einer anderen Sprache zu lernen oder einen bestimmten Geldbetrag zu sparen. Ohne einen wichtigen Grund dafür, diese Dinge zu tun, können sie sich anfühlen wie eine lästige Pflicht. Und wie würdest du ohne diese bestimmten Ziele wissen, dass du deiner Reise näher kommst?

Das Gute an wertegeleiteten Schritten ist, dass es keine Rolle spielt, ob es große oder kleine Schritte sind, solange sie in die richtige Richtung führen.

0,01

Stell dir vor, es gäbe eine Reality-TV-Show über dein Leben, die alles zeigt, was du in einer Woche gemacht hast. Wenn ich diese Show sehen würde, könnte ich dann sagen, was dir wirklich wichtig ist? Wie wäre es, wenn ich all deine WhatsApp-Nachrichten und deine Instagram-Posts einer Woche lesen würde? Würden sie die Richtung zeigen, in die du dich zu bewegen versuchst? Könnte ich an deinen kleinen, alltäglichen Verhaltensweisen sehen, was dir etwas bedeutet, oder wartest du, bis du etwas richtig Großes tun kannst? Wie lange wartest du schon darauf?

Schau dir nochmals an, wie wichtig du die einzelnen Werte eingeschätzt hast und wie sehr du auf dem Weg dorthin bist. Welche hast du als lebenswichtig eingeschätzt?

Wenn du noch mehr auf dem Weg in Richtung der zwei oder drei Werte, die für dich am allerwichtigsten sind, sein wolltest, was könntest du heute tun? Wie könntest du die Bewertung, wie stark du auf dem Weg bist, um 0,1 oder 0,01 oder 0,000001 erhöhen?

Versuche nicht, die Punktzahl um einen ganzen Punkt zu erhöhen oder etwas ganz dramatisch zu verändern. Hier geht es nicht darum, dich scheitern, zerbrechen oder völlig verausgabt zu sehen. Denk daran, es spielt keine Rolle, wie groß der Schritt ist, solange er in die richtige Richtung führt. Tatsächlich sind kleine Veränderungen die besten Veränderungen, weil sie diejenigen sind, die am wahrscheinlichsten passieren. Das heißt, sie sind die Dinge, die am ehesten wirklich etwas verändern und dich näher zu dem bringen, was dir etwas bedeutet.

Schreib fünf Dinge auf, die du heute tun könntest, die die Anzahl der Punkte für deinen Weg um 0,1 oder sogar nur um 0,01 erhöhen:

1. ____
   ____

2. ____
   ____

3. ____
   ____

4. ____
   ____

5. ____
   ____

Was ist passiert, als du versucht hast, dir Schritte zu überlegen, die du heute tun kannst? Hat dein Kopf dir gesagt, dass jetzt nicht die richtige Zeit dafür ist? Haben Erinnerungen an die Vergangenheit oder Sorgen über die Zukunft es dir schwer gemacht, dir eine Aufgabe auszusuchen?

Genau dies passiert mir manchmal, wenn ich darüber nachdenke, welche Schritte ich in die richtige Richtung machen könnte. Darum brauchen wir die Fähigkeit, uns immer wieder ins **Hier und Jetzt** zurückholen zu können.

Kapitel Fünf:

Im Hier und Jetzt

Erinnerst du dich an Og und seinen Steinzeit-Verstand, der darauf gerichtet ist, nach Gefahren Ausschau zu halten? Um auf Gefahren vorbereitet zu sein, muss er daran denken, was als Nächstes passieren wird, was irgendwo hervorspringen und ihn umbringen könnte. Er muss auch an die Vergangenheit denken: In welchen Punkten ist die Situation so ähnlich wie andere Situationen, in denen er schon war? Welche Dinge um ihn herum haben in der Vergangenheit Schmerz ausgelöst?

Unser Verstand liebt es also, über die Zukunft und die Vergangenheit nachzudenken. Er interessiert sich viel weniger für die Gegenwart, weil die ja schon da ist. Og braucht sich nicht auf den Moment vorzubereiten, weil er schon passiert. Trotzdem kann Og die Zukunft nicht direkt verändern und die Vergangenheit schon gar nicht. Genau hier, genau jetzt ist die einzige Zeit, in der Og irgendetwas für irgendetwas tun kann (obwohl er hoffentlich etwas tun wird, das auch seine Zukunft besser macht).

Im Allgemeinen sind Dinge in der Gegenwart nicht gut oder schlecht, sie sind einfach. Sie werden erst gut oder schlecht, wenn unser Verstand diese Ereignisse bewertet. Du fragst dich vielleicht, welche Auswirkungen auf deine Zukunft sie haben werden, wie du damit umgehen wirst, wenn es so weitergeht, oder wie diese Dinge sind im Vergleich zu dem, was in der Vergangenheit passiert ist. Sicher, da sind ein paar Sachen, die passieren, die offensichtlich in der Gegenwart schlecht sind, z. B. wenn du dich selbst verletzt. Aber trotzdem werden deine Sorgen darüber, welche Auswirkungen diese Verletzung auf deine Zukunft haben wird oder wie sie verglichen mit früherem Schmerz ist, das Leiden verstärken.

Diese bewertenden Gedanken über Vergangenheit und Zukunft können sehr schlimm und sogar körperlich schmerzhaft sein. Also versuchst du angestrengt, diese Gedanken aus deinem Kopf zu bekommen. Vielleicht hast du es mit Ablenkung probiert, mit Schokolade, Alkohol, Drogen, dem Internet oder dich sogar selbst verletzt. Vielleicht hast du versucht, Orte zu vermeiden, die Erinnerungen hervorrufen könnten, oder interessante Gespräche verschoben, die vielleicht Stress ausgelöst hätten. Hat eine von diesen Strategien geholfen? Hast du gemerkt, dass du kurzfristig eine Pause von diesen Empfindungen und Gedanken hattest, aber langfristig sie sich gleich anfühlten? Vielleicht haben diese Vermeidungsstrategien sogar dazu geführt, dass du dich auf lange Sicht noch schlechter gefühlt hast.

Du merkst vielleicht, dass der Versuch, Kontrolle über all deine Gedanken und Gefühle zu haben, ein anstrengendes Spiel ist, ein Spiel, das du nicht gewinnen kannst und bei dem du wünschst, du hättest es nicht gespielt. Weißt du noch, was ich über lila Kühe gesagt habe – je mehr du dich darauf konzentrierst, nicht an etwas zu denken, desto mehr denkst du daran.

Je mehr du versuchst, nicht traurig zu sein, desto trauriger fühlst du dich.

Was würde passieren, wenn du all das Sorgenmachen einfach da sein lassen würdest, statt zu versuchen, es zu vermeiden? Wenn du es mit Neugier beobachten würdest? Wenn du in der Gegenwart bleiben würdest, während dein Verstand versucht, dich in Gedanken über die Vergangenheit und Zukunft hineinzuziehen? Wärst du freier, um im Jetzt zu leben?

Wenn du weniger Energie in die Versuche stecken würdest, Dinge zu kontrollieren, die praktisch unmöglich zu kontrollieren sind (wie die Dinge, die du denkst und fühlst), dann hättest du mehr Energie für die Dinge, die du kontrollieren kannst. Die Dinge, die du tust. Die Dinge, die dir wichtig sind.

Deine Aufmerksamkeit auf das, **was hier und jetzt ist**, zurückzubringen, ist eine wirklich gute Möglichkeit, ein wertegeleitetes Leben zu führen, über das du Kontrolle hast. Dieser Weg wird dir erlauben, den Kampf gegen diese gemeinen Gedanken loszulassen und Energie freizusetzen, um dein Leben mehr zu dem Leben zu machen, das du willst. Er kann dir helfen zu verhindern, dauernd von anderen in die Richtungen geschubst zu werden, die sie wollen. Er wird nützlich sein, egal ob du schon weißt, was dir wichtig ist, oder ob du noch dabei bist, es herauszufinden. Du musst nicht ständig im Jetzt sein, aber du wirst es auch nicht mehr wollen, nie dort zu sein.

Es ist nicht leicht, im Hier und Jetzt zu sein. Immer wenn du versuchst, dich auf die Gegenwart zu konzentrieren, wird dein Verstand alles tun, was er kann, um wieder Bewertungen hineinzubringen. Diese Bewertungen können das Konzentrieren auf die Gegenwart nicht nur schwierig machen, sondern sogar gefährlich erscheinen lassen. Zum Beispiel Bewertungen wie „Das wird ganz schlimm für mich", „Die anderen werden mich auslachen und es nicht verstehen" oder „Ich habe so etwas Ähnliches in der Vergangenheit schon einmal versucht und es hat nicht funktioniert."

Im nächsten Kapitel werden wir darüber sprechen, wie wir unseren Verstand weniger ernst nehmen können, aber für den Moment lass uns versuchen, im Hier und Jetzt zu sein.

Im Moment

Hast du schon mal eine Umarmung erlebt, die sich einfach richtig angefühlt hat, so bedeutungsvoll, dass du ganz und gar im Moment warst? Vielleicht hat das sogar deinen Gedanken über deine Vergangenheit und Zukunft erlaubt, für einen kurzen Moment weniger heftig zu sein.

Warst du jemals so in ein Gespräch mit einem Freund oder einer Freundin vertieft, dass dir, während du zugehört hast, alles andere egal war?

Oder bist auf einen Baum geklettert und hast die Aussicht angesehen, wirklich angesehen?

Deine Sinne helfen dir, dich mit dem, **was hier und jetzt ist,** zu beschäftigen, was ein wirkungsvolles Mittel ist, um einen Schritt von den dunklen oder kritischen Orten, in die dein Verstand dich ziehen kann, zurückzutreten.

Den Moment wahrnehmen:

Woher weißt du, wo du gerade bist?

- Sieh dich um – was kannst du sehen?
- Hör mal – was kannst du hören?
- Atme ein – was riechst du?
- Leck deine Lippen – was kannst du schmecken?
- Strecke deine Hände aus – was kannst du berühren?
- Wie fühlt sich dein Körper an?
- Wie warm oder kalt ist es?

Konzentriere dich auf deine Sinne

Deine Sinne sagen dir, wo du bist. Sie versorgen deinen Verstand mit den Informationen, die er braucht, damit er seinen Job machen kann: bewerten, vergleichen, einschätzen und noch mehr bewerten.

Wenn sie eine Reality-TV-Show über dein Leben machen würden, dann wären deine Sinne das rohe, unbearbeitete Filmmaterial, bevor dein Verstand anfängt, die nötigen Schnitte zu setzen und eine Geschichte daraus zu machen.

Hier folgt gleich eine ganze Reihe an Aktivitäten, die einen oder mehrere Sinne einsetzen. Das ist deine Chance, unbearbeitetes Filmmaterial von dir zu sehen, das deine Sinne gesammelt haben, ohne dass der kritische Reality-TV-Redakteur dazukommt, um es zu bearbeiten.

Bitte lies die Vorschläge nicht nur, probiere einige von ihnen wirklich aus und spüre, wie es sich anfühlt, in der Gegenwart zu sein. Nimm wahr, auf wie viele Arten dein Verstand versucht, dich davon zu überzeugen, diese Sachen nicht zu tun, oder dir hinterher erzählt, dass es bedeutungslos war oder dass du es nicht richtig gemacht hast.

Fühle die Musik

Hör dir einen Song an. Nicht zu laut, aber so laut, dass du dem Song deine Aufmerksamkeit schenken kannst. Es kann ein Song sein, den du besonders liebst, oder es könnte auch ein Song sein, der gerade im Radio läuft (es geht besser, wenn kein Musikvideo dabei ist).

Kannst du ganz beim Song sein?

- Was machen die einzelnen Instrumente gerade?
- Was machen die Instrumente zusammen?
- Wie schnell ist der Song?
- Wo in deinem Körper kannst du ihn fühlen?
- Kannst du ihn in deinen Füßen fühlen?
- In deinen Schultern?
- Tief in deinem Herzen?

Wie ist es mit dem Text?

- Kannst du die Gefühle hören?
- Kannst du die Gefühle der Sängerin oder des Sängers mitfühlen?

Wenn es möglich ist, versuche den Song nicht zu deinem zu machen, sondern höre der Freude oder Traurigkeit des Sängers oder der Sängerin zu und nimm wahr, wie es sich anfühlt, sich mit ihrer Musik zu verbinden. Welche Gefühle tauchen bei dir auf, während du zuhörst?

Nimm wahr, wie es sich anfühlt, ein Gefühl zu haben.

Welche Bilder werden heraufbeschworen?

Beobachte sie, als wären sie auf einem Bildschirm vor dir.

Fühle den Augenblick

Schmecke die Schokolade

Besorg dir eine Packung mit vielen verschiedenen Sorten Schokolade. Nimm ein Stück, ohne hinzugucken.

Bewege es zwischen deinen Fingern. Welche Form hat es? Wie ist die Beschaffenheit? Wie schwer ist es?

Riech daran. Was nimmst du wahr? Wo in deinem Körper nimmst du es wahr? Löst es Empfindungen in deinem Mund oder deinem Bauch aus? Achte auf deinen Atem, während du das Aroma einatmest.

Lege es sanft in deinen Mund. Was schmeckst du als Erstes? Ist es süß? Fruchtig? Bitter? Wie fühlt sich deine Zunge an, wenn sie Kontakt mit der Schokolade aufnimmt?

Bewege es im Mund herum. Welchen Geschmack und welche Beschaffenheit nimmst du wahr? Beiß ein Stückchen ab. Achte auf die Aromen. Was passiert in deinem Körper, während du es isst?

Und wenn dein Verstand versucht, dich mit Bewertungen oder kritischen Gedanken abzulenken, bemerke es und kehre mit deiner Aufmerksamkeit wieder zum Geschmack und Geruch und zu der Beschaffenheit zurück.

Sieh das Meer

Setze dich an einen Platz, von dem aus du auf ein Gewässer schauen kannst. Es kann das Meer sein, ein Fluss oder ein Teich.

Und schau. Schau wirklich hin. Verbringe zwei oder drei Minuten damit, alles zu beobachten, was du im Wasser sehen kannst. Ist da Bewegung? Oder Stille? Welche Farbe hat es?

Welche anderen Sinne kannst du nutzen, um das Wasser zu erleben? Wie klingt es? Wie riecht die Luft um dich herum? Kannst du es schmecken? Wie fühlt es sich an, an diesem Platz zu sitzen?

Welche Gedanken, Gefühle und Erinnerungen kommen hoch? Nimm wahr, wie sie versuchen, dich abzulenken. Kannst du sie annehmen und deine Aufmerksamkeit wieder dem Wasser zuwenden?

Oder probiere eine von diesen Ideen aus:

- Umarme eine Freundin oder einen Freund.
- Gehe auf einen Hügel und schau dir die Aussicht an. Wie viele verschiedene Grüntöne kannst du sehen?
- Klatsche in verschiedenen Räumen in die Hände und achte darauf, wie unterschiedlich der Klang in jedem Raum ist.
- Halte einen Eiswürfel in der Hand und fühle, wie er schmilzt.
- Stelle dich an einen sonnigen Fleck und nimm wahr, wo auf deinem Körper du die Wärme spüren kannst.
- Iss eine Wasabi-Erdnuss und nimm wahr, was in deinem Mund und deiner Nase von Sekunde zu Sekunde passiert.
- Creme deine Hände langsam mit Handcreme ein und beobachte die Empfindungen in allen Teilen deiner Hände.
- Trinke eine Tasse Kaffee, Tee oder heißen Kakao, nimm den Duft wahr, die Formen des Dampfes, die Temperatur und natürlich den Geschmack.
- Tauche in ein Schwimmbecken und bemerke die Veränderung der Temperatur.
- Iss eine ganze Mahlzeit, ohne zu reden, fernzusehen, dein Handy zu checken, zu lesen oder irgendetwas anderes zu tun – konzentriere dich einfach auf den Duft, die Beschaffenheit und den Geschmack von dem, was du gerade isst.
- Lege deine Arme um dich und umarme dich selbst.
- Nimm einen Stein in die Hand, beobachte seine Beschaffenheit, Temperatur, sein Gewicht und seine Farbe.
- Lache eine Minute, so stark du kannst, auch wenn gar nichts lustig ist.
- Setze deinen Bleistift auf ein Stück Papier und male etwas ohne Plan oder Ziel.
- Wasche deine Haare und nimm wahr, wie es sich anfühlt, wenn das Wasser und das Shampoo die einzelnen Stellen deines Kopfes berühren.
- Spiele mit einer Katze oder einem Hund.

Und hier gibt es Platz, um andere Aktivitäten aufzuschreiben, die deine Sinne einbeziehen, die du schon mal gemacht hast oder die du gerne ausprobieren würdest.

____

____

____

____

____

Was ist passiert, als du diese Sachen ausprobiert hast? Hast du gemerkt, dass **diese schmerzhaften Dinge** zwar nicht aufgehört haben wehzutun, aber nicht mehr alles in Beschlag genommen haben, als du dich auf deine Sinne konzentriert hast?

Hast du dich mit etwas anderem verbunden gefühlt als deinem Leiden, wenn auch nur für einen kurzen Moment? Diese fiesen Gedanken und schmerzhaften Gefühle tun zwar immer noch weh, aber konntest du sogar mit ihnen eine Verbindung zum Hier und Jetzt fühlen?

Tragbare Anker

Dich mit deinen Sinnen zu verbinden, kann dazu führen, dass du dich geerdeter und vielleicht auch stärker und besser in der Lage fühlst, mit den Dingen um dich herum umzugehen. Das Problem ist, dass du nicht immer eine Wasabi-Erdnuss, eine Dusche oder eine Freundin oder einen Freund zum sofortigen Umarmen dabei hast. Und du bist nicht immer am Meer oder kannst die Musik aufdrehen.

Wäre es nicht klasse, wenn es etwas gäbe, das du immer dabei haben und benutzen könntest, um dir zu helfen, dich mit dem, **was hier und jetzt ist,** zu verbinden?

Tragbare Anker können dir helfen, dich mit der Gegenwart zu verbinden, egal wo du bist. Hier sind zwei, die ich sehr schätze:

Die Kugel

Stelle dir eine kleine schwebende Lichtkugel vor. Beobachte, wie sie auf dem großen Zeh deines rechten Fußes sitzt. Wie fühlt sich dein großer Zeh jetzt gerade an? Versuche dein Bestes, es nicht zu beurteilen (auch wenn dein Verstand dir ständig beurteilende Gedanken anbietet), sondern beobachte einfach.

Dann fühle, wie die Kugel sich zum nächsten Zeh bewegt, und nimm wahr, wie es sich anfühlt.

Lass die Kugel sich langsam durch alle Teile deines Fußes bewegen, dann den anderen Fuß, dann jedes Bein hoch, durch deinen Bauch, deine Brust, deine Schultern, jeden Arm abwärts und in jede Hand, wieder hoch durch deinen Nacken und dein Gesicht und den ganzen Weg bis zur Oberseite deines Kopfes. Warte an jeder Stelle kurz und beobachte einfach, wie es sich hier anfühlt. Versuche nicht, etwas zu verändern oder zu beurteilen. Beobachte einfach, **was hier und jetzt ist**.

Der Atem

Dein Atem ist ein Anker. Er ist da, obwohl du ihn die meiste Zeit gar nicht bemerkst. Aber wenn du dich darauf konzentrierst, dann wird er ein Sinneserlebnis, das dich zurückbringen kann zu dem, was hier und jetzt ist.

Wahrscheinlich hat dir irgendwann in deinem Leben schon mal jemand vorgeschlagen, irgendwelche Atemübungen zu machen, wenn du Angst hast oder ärgerlich bist.

„Atme einfach tief durch."

„Zähle beim Einatmen bis fünf und beim Ausatmen bis fünf."

„Atme ein Quadrat."

„Atme in den Bauch."

„Stell dir vor, du bläst einen Ballon auf."

Oder eine der anderen Millionen Atemübungen, die es gibt.

Fast alle Atemtechniken sind hilfreich, obwohl manche vielleicht zu lang oder zu kompliziert sind, um sich dann an sie erinnern zu können, wenn du dich gestresst oder wütend oder in Panik oder überwältigt fühlst. Es kann sogar sein, dass dein Verstand versucht, dich davon zu überzeugen, dass Atmen nicht funktioniert oder dumm ist. Falls du schon eine Technik hast, die bei dir funktioniert, dann mach weiter damit, wie du es brauchst.

Oder probiere diese aus:

Achte darauf, wie es sich anfühlt zu atmen.

Das ist alles – versuche nicht, deinen Atem zu kontrollieren oder zu verändern. Beobachte ihn einfach. Nimm wahr, wie es sich anfühlt, einzuatmen. Nimm wahr, wie es sich anfühlt, auszuatmen. Spüre den Atem in deinem Bauch, deinen Lungen, deinem Hals, Mund, deiner Nase oder wo immer er ist. Du kannst nicht mehr im Hier und Jetzt sein, als wenn du atmest.

Das ist alles zu dieser Übung. Stell dein Handy auf zwei Minuten und beobachte in diesen Minuten einfach deinen Atem.

Und warte nicht mit dem Ausprobieren dieser Übung, bis du einen schlechten Tag hast. Versuch es jeden Tag zwei Minuten lang, sodass du mit dieser Übung schon vertraut bist, wenn du wirklich damit kämpfst, deinen Atem zu finden. Andernfalls wärst du wie eine Pianistin oder ein Pianist, die bis zum Auftritt vor Hunderten von Leuten damit gewartet haben, sich das Musikstück anzusehen, das sie spielen müssen. Die Vorstellung würde besser laufen, wenn sie das Stück schon an einem ungestörten Ort in Ruhe geübt hätten.

Dinge, die hier und jetzt und in uns drin sind

Unsere Sinne helfen uns dabei, mehr von dem wahrzunehmen, was in der Welt um uns herum passiert.

Unser Atem und die vorgestellte Kugel helfen uns wahrzunehmen, was in unserem Körper geschieht. Und während wir das tun, können wir auch wahrnehmen, dass genau jetzt und genau hier noch andere Sachen passieren.

Wir denken. Wir fühlen.

Ich denke, also denke ich.

Hast du schon mal wahrgenommen, wie es sich anfühlt zu denken? Schon die Frage klingt ein bisschen komisch. Normalerweise sind wir so mit Denken beschäftigt, dass wir gar nicht merken, dass wir denken. Wir machen uns gar nicht klar, dass all der Lärm in unserem Kopf nur Gedanken sind. Lege das Buch bitte mal zur Seite und achte für zwei Minuten darauf, wie es sich anfühlt zu denken. Nimm auch wahr, wie es sich anfühlt, darüber nachzudenken, dass du denkst. Während die Gedanken hochkommen, nimm wahr, dass du einen Gedanken hast. Wenn Bewertungen auftauchen, nimm wahr, dass du bewertest.

Bis gleich – in zwei Minuten machen wir weiter!

Wie war das Beobachten?

Hat dein Kopf dir gesagt, warum du aufhören sollst, Gedanken wahrzunehmen, und zum aktiven Denken zurückkommen sollst? Lieber mitten in deinen Gedanken zu sein, statt sie zu beobachten? Mein Kopf tut das immer wieder, wenn ich versuche, diese Übung zu machen. Der Verstand liebt es zu denken, das ist sein Job. Darum ist es nicht überraschend, dass dein Geist alles versucht, damit du tief mitten in deinen Gedanken bleibst, statt einen Schritt zurückzutreten und wahrzunehmen, dass du es bist, die oder der denkt. Er will, dass du mitten in der Reality-TV-Show bleibst, statt all die Bearbeitungen, Computeranimationen und Soundeffekte wahrzunehmen, die dem Rohmaterial hinzugefügt worden sind, um eine fesselnde Geschichte zu erschaffen.

Herzen wollen einfach Blut pumpen, Lebern wollen einfach Giftstoffe beseitigen, Milzen wollen tun, was immer Milzen tun, und der Verstand will denken. Und wie wir schon festgestellt haben, kann das ein unglaublich nützliches Survival-Tool sein und außerdem in der Schule, bei der Arbeit und bei allen möglichen anderen Sachen helfen, die du tun willst.

Und trotzdem ist es manchmal nützlich, aus deinem Verstand herauszutreten und wahrzunehmen, dass du denkst. Wahrzunehmen, dass die Geschichte, die dein Verstand dir erzählt, nicht die ganze Geschichte ist, und dass der Versuch herauszufinden, was die „ganze Geschichte" ist, vielleicht auch nur ein Spiel deines Verstandes ist, um dich weiterdenken zu lassen.

Wenn wir tatsächlich ständig all die Informationen, die unsere Sinne uns liefern, aufnehmen würden, dann wären wir ziemlich schnell überlastet. Also hilft unser Verstand bei der Verarbeitung, indem er Kategorien, Kurzfassungen, Etikettierungen und Stereotypen erfindet, um so schnell wie möglich so viele Informationen wie möglich zu bekommen, ohne uns zu überfordern.

Wie wir schon festgestellt haben, klingen die Geschichten und Eingruppierungen, die unser Verstand hervorbringt, so glaubhaft oder so vertraut, dass wir sogar dann an ihnen festhalten, wenn sie für uns nicht funktionieren. Manchmal schenken wir ihnen mehr Aufmerksamkeit, als sie verdienen.

KAPITEL SECHS:

GEDANKEN, DIE EINFACH NUR GEDANKEN SIND

Am Anfang dieses Buches habe ich dir nahegelegt, **mir kein Wort zu glauben**. Oder wenigstens es nicht zu glauben, nur weil ich es sage. Glaube erst, wenn du es ausprobiert hast und es sich so anfühlt, als ob es helfen könnte.

Und jetzt setze ich noch eins drauf und lege dir noch etwas nahe:

Glaube kein Wort von dem, was du selbst sagst (oder denkst) – oder glaube es jedenfalls nicht, nur weil du es denkst. Glaube daran, wenn du es ausprobiert hast und es sich anfühlt, als ob es helfen könnte.

Erinnere dich daran, dass dein Gehirn sich entwickelt hat, um dich vor Gefahr und Schmerz zu schützen. Und manche Gedanken sind selbst so schmerzhaft, dass sie gefährlich erscheinen, und deine natürliche Reaktion ist zu versuchen, sie zu vermeiden. Aber denk daran, je gefährlicher ein Gedanke dir erscheint, desto öfter wirst du diesen Gedanken haben.

Also, du sagst vielleicht: „Ich kann diese Prüfung nicht machen, weil sie allen zeigen wird, wie dumm ich bin."

Oder: „Ich kann diese Person nicht um eine Verabredung bitten, weil sie denken könnte, ich bin hässlich."

Und wenn diese Überzeugung erst da ist, dann musst du einen Weg finden, um sie wieder loszuwerden, bevor du in deinem Leben weiter vorankommen kannst. In der Zwischenzeit gibst du es auf zu lernen oder die Person zu fragen, ob sie etwas mit dir zusammen machen möchte.

Manchmal fühlt es sich noch nicht einmal wie eine Überzeugung an, sondern als wäre es wahr. Oder du hoffst wirklich, dass es nicht wahr ist, aber du befürchtest es doch.

Du diskutierst mit deinem Verstand und versuchst dich selbst zu überzeugen, dass es nicht wahr ist. Und was passiert? Hast du festgestellt, dass dein Kopf immer mehr widerspricht, je mehr du ihm widersprichst? Manchmal gewinnen deine guten Gedanken, manchmal die miesen. Wie auch immer, du verlierst auf jeden Fall, weil du in der ganzen Zeit, in der du mit deinem Verstand diskutierst, nicht in Lage bist, irgendetwas hinzubekommen.

Genau wie wir es bei den lila Kühen gesehen haben: Der Versuch, **Gedanken loszuwerden, führt nicht dazu, dass wir sie loswerden, sondern ist nur Energieverschwendung.** Versuche, eine Auseinandersetzung mit deinem Verstand zu gewinnen, bringen dich dem Leben, das du leben willst, kein bisschen näher. Es macht dich nur müde. Wenn du ständig **Gedanken, die nur Gedanken sind**, bekämpfst, dann gibt es keine Zeit mehr, um zu sein.

MIT NERVIGEN FREUNDEN LEBEN

Hattest du jemals einen Freund oder eine Freundin, mit dem oder der du gerne zusammen bist, aber manchmal sagt er oder sie wirklich dumme Dinge oder Dinge, mit denen du echt nicht einverstanden bist? Wahrscheinlich ist es schon vorgekommen, dass du mit den Augen gerollt oder jemanden in der Nähe angelächelt hast, als sie etwas Nerviges gesagt haben, und dann weiter das gemacht hast, was du gerade gemacht hast. Ein anderes Mal warst du vielleicht wütend über das, was sie gesagt haben, und hast versucht, ihnen klarzumachen, warum sie Unrecht haben. Oder vielleicht hast du den Rest deines Tages ruiniert, indem du gegangen bist oder gar nicht erst rausgegangen bist, weil du sie treffen könntest. Es stimmt, dass es falsch oder nervig war, was sie gesagt haben, aber was deinen Tag ruiniert hat, war, dass du versucht hast, es weniger falsch oder weniger nervig zu machen.

Wenn wir das mit einer Million multiplizieren, dann erhältst du als Ergebnis deinen Verstand. Dein Verstand kann dein bester Freund sein, der mit allen möglichen interessanten und kreativen Ideen kommen oder dich zum Lachen bringen kann. Er kann dir dabei helfen, deinen Alltag, die Schule, deinen Job, deine Beziehungen usw. zu managen.

Doch manchmal (oder die meiste Zeit in einer schlechten Woche oder einem schlechten Monat) sagt dein Verstand gemeine Dinge oder dumme Dinge oder solche Dinge, die wirklich wehtun. Und du hast die Wahl, ob du versuchst, dagegen zu kämpfen, oder dich darüber ärgerst und schließlich deinen Tag ruinierst. Stattdessen könntest du aber auch innerlich mit den Augen rollen und trotzdem weiter mit deinem Verstand den Tag verbringen. Die Gedanken sind immer noch da, aber sie haben deinen Tag nicht ruiniert.

DICH MIT DEINEM VERSTAND ANFREUNDEN

Wie wäre es, diesen Gedanken Namen zu geben? Oder dir vorzustellen, dass dein Verstand aussieht wie die Freundin oder der Freund, die manchmal so nervig sind? Wenn er also mit einigen dieser alten Geschichten anfängt (die vielleicht sowieso schon anfangen, langweilig zu werden), hör zu, wovon sie erzählen. Dann kehre zurück zu dem, was du gerade machen wolltest – ein guter Freund oder eine gute Freundin sein, ein guter Partner oder eine gute Partnerin, ein gutes Familienmitglied, ein guter Sportler oder eine gute Sportlerin, ein guter Mensch oder was immer dir in diesem Moment zu tun wichtig ist.

Die Sachen, die dein Verstand sagt, verletzen dich vielleicht oder erzeugen schmerzhafte Gefühle. Aber wie eine Freundin oder ein Freund sagt er manchmal verletzende Sachen, obwohl er es eigentlich gut meint (um dafür zu sorgen, dass du sicher bist, und dir zu helfen, soziale Ablehnung zu vermeiden). Vielleicht merkst du, dass du nicht so viel Energie in den von vornherein verlorenen Kampf stecken willst, mit deinem Verstand zu diskutieren, um diese fiesen Gedanken loszuwerden.

Ich bin sicher, dass dein Verstand dich genau jetzt mit vielen „Abers" bombardiert, um dich davon zu überzeugen, dass das, was er sagt, nicht einfach nur Gedanken sind, die man mit einem Schulterzucken abtun kann. Er erzählt dir, dass das, was er sagt, wahr und wichtig ist und dein Leben schlecht verlaufen wird, wenn du nicht auf ihn hörst.

ABER MEIN GEDANKE IST ‚WAHR'!

Wirklich?

Ist das überhaupt möglich?

Ich weiß nicht, was dein spezieller Gedanke ist, aber vielleicht ist es etwas wie:

- Ich bin dumm.
- Ich bin hässlich.
- Ich bin nicht liebenswert.
- Ich nerve.

Sind diese Gedanken richtig oder falsch? Wir haben gesehen, dass dein Verstand, je mehr du ihm widersprichst, nur umso mehr dagegen argumentiert. Das ist ein Kinderspiel für deinen Verstand, weil Gedanken weder richtig noch falsch sind. Die Aussage „Ich bin dumm" sieht wie ein vollkommener Satz aus, also behandelst du sie vielleicht wie einen. Aber für sich allein genommen bedeutet dieser Satz nicht wirklich viel.

Verglichen mit Einstein magst du vielleicht dumm sein; verglichen mit einem Stück Kreide bist du höchstwahrscheinlich ziemlich intelligent. Verglichen mit einigen Freundinnen und Freunden hast du in manchen Bereichen vielleicht Probleme, aber du bist auch besser in anderen Bereichen. An sich ist die Aussage „Ich bin dumm" weder richtig noch falsch und darum kannst du eine Diskussion mit deinem Verstand darüber nicht gewinnen. Und sobald du versuchst, die Auseinandersetzung zu gewinnen, hast du schon verloren, weil dein Kopf einfach weitermacht mit all dem Denken, das er denken will, und du kommst in der Zwischenzeit nicht mit den Sachen weiter, die dir wirklich wichtig sind.

Andere Auseinandersetzungen kannst du nicht gewinnen, weil es um Dinge in der Zukunft geht. Dein Verstand könnte z. B. sagen: „Die Party wird richtig schlecht" oder „Es wird immer so sein". Egal, wie sehr du diesen Gedanken widersprichst, du kannst nicht gewinnen, weil es um Dinge geht, die noch nicht passiert sind.

ABER ES FÜHLT SICH NICHT AN WIE EIN GEDANKE

Yep, der Verstand ist raffiniert. Er kann Gedanken auf alle Arten verstecken – in den Stimmen anderer Menschen oder als ganz vage Befürchtung, dass etwas Schlimmes bevorsteht oder als absolute Tatsache.

Aber wenn du nicht gerade Stimmen hörst, dann kommen diese Ahnungen wahrscheinlich von deinen Gedanken, auch wenn sie sich tarnen. Und selbst wenn du Stimmen hörst, kann es sein, dass sie mit Gedanken zusammenhängen, die du auch hast.

Vielleicht wäre mein Verstand still, wenn ich ihm lauter oder anders sagen würde, dass er still sein soll.

Möglicherweise. Wenn du einen Weg finden könntest, deinen Verstand auszuschalten, dann wärst du frei von diesen fiesen Gedanken. Du könntest das mit Ablenkung machen, mit Schlaf, mit Drogen, mit Selbstverletzungen oder mit anderen Sachen, über die wir im 3. Kapitel „Vollzeitjob“ (S. 38) gesprochen haben. Und vielleicht erhältst du eine kurze Pause von den Kommentaren. Unglücklicherweise wirst du auch nichts hinbekommen, das dir wichtig ist, oder irgendwo hingelangen. Wenn du Schritte auf die Dinge zu machen willst, die dir wirklich wichtig sind, wenn du für Menschenrechte kämpfen, dich mit deiner Spiritualität verbinden oder erfolgreich Karriere machen willst, dann musst du deinen Verstand mitnehmen – auch wenn so manche ziemlich heftige Gedanken mit auf die Reise kommen.

DIE GROßEN DINGE

Gefühle können so viel Schmerz auslösen. Manchmal wünschst du vielleicht, du könntest deine Gefühle abstellen. Oder wenigstens einige von ihnen.

Warum musst du überhaupt Gefühle haben? Sind sie wirklich notwendig oder einfach nur schlechtes Design?

Gefühle sind die Art, auf die dein Körper dich wissen lässt, dass etwas bedeutsam für dich ist. Traurigkeit, Sorge, Ärger – sie alle sagen uns, dass uns andere wichtig sind, dass wir uns selbst wichtig sind oder dass die Welt uns wichtig ist.

Es kann richtig wehtun, wenn jemand, die oder den du liebst, dich nicht auch liebt. Oder wenn das Leben nicht so läuft, wie du es geplant hast. Oder wenn dir oder jemandem, die oder den du liebst, richtig schlimme, schreckliche Dinge passieren. **Und wäre es nicht gleichzeitig viel schlimmer, wenn du nicht traurig über diese Dinge wärst?** Würde das nicht bedeuten, dass es dir erstmal ganz egal ist? Oder dass du die Hoffnung aufgegeben hast, dass es irgendwann gut werden könnte?

Sorgen tauchen auf, wenn du etwas tust und das Resultat dir wichtig ist. Ohne Sorgen über Prüfungen oder erste Dates würdest du gar nicht daran denken, dich vorzubereiten und zu versuchen, es richtig zu machen. Manchmal versucht dein Verstand, dich abzulenken, indem er Sorgen über andere Dinge erfindet, vielleicht Dinge, die dich gar nicht so sehr interessieren. Es kann sein, dass hinter diesen Sorgen tiefere Befürchtungen stecken, vor denen dein Verstand dich bewahren will. Dinge, die dir wirklich wichtig sind.

Ärger und Wut fühlst du, wenn du Ungerechtigkeit siehst. Vielleicht bist du schlecht behandelt worden, oder jemand oder etwas, das dir wichtig ist, wird schlecht behandelt. Vielleicht fühlst du es zuerst in deinen Fäusten, in deiner Stimme oder deinen Füßen. Es kann sein, dass du rotsiehst. **Ohne Ärger und Wut würdest du dich nicht für Gerechtigkeit einsetzen**. Und wie könntest du ohne die Fähigkeit, alle anderen Gefühle zu fühlen, überhaupt Beziehungen zu anderen haben und dich mit ihnen verbinden? Weil alle anderen diese Gefühle auch fühlen.

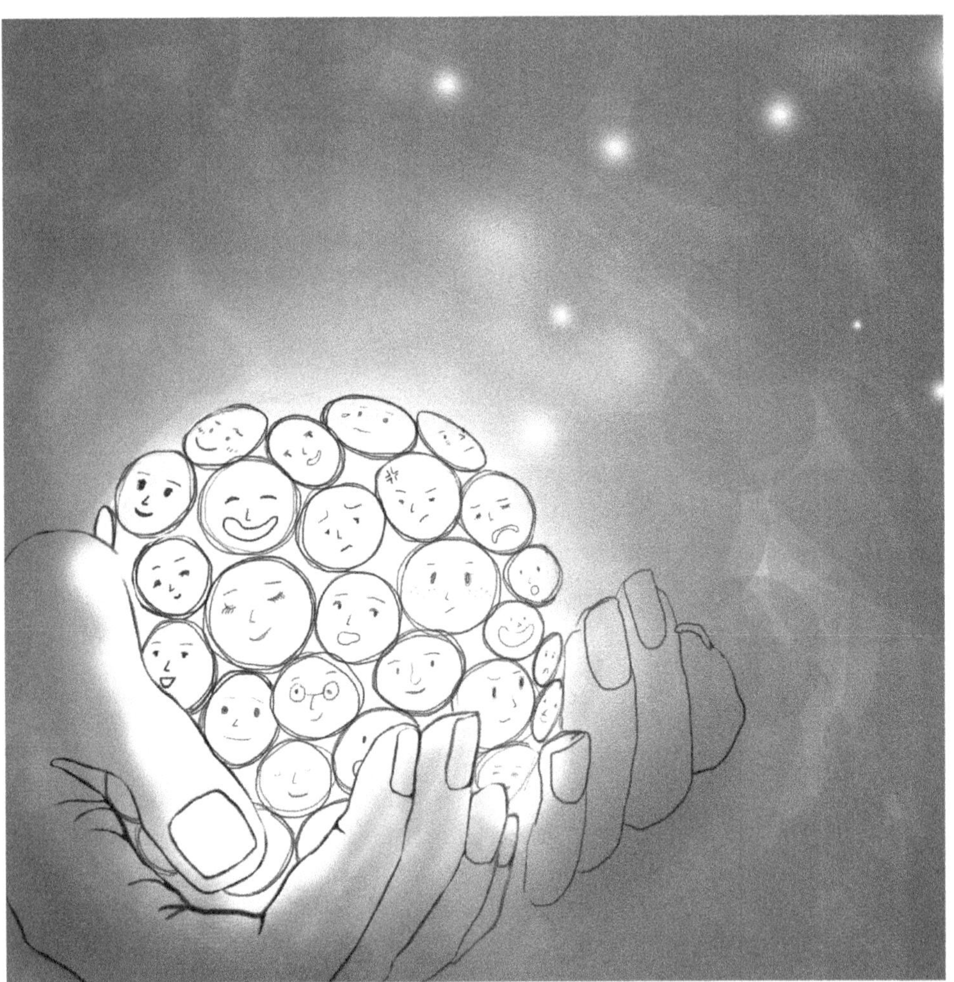

ABER WARUM MUSS ES SO VERDAMMT WEHTUN?

Warum fühlt es sich so an, als ob die Traurigkeit für immer bleibt?

Es gibt zwei Teile eines Gefühls:

WIE DU DICH FÜHLST
und
WIE DU DICH DAMIT FÜHLST, DASS DU DICH SO FÜHLST.

Gefühle kommen und gehen und wenn sie in dir sind, können sie wehtun, aber sie gehen immer wieder vorüber.

Außer wenn du versuchst, sie zu bekämpfen. Wenn du sagst, du kannst dieses Gefühl nicht ertragen, weil es zu lange dauert oder weil es zu sehr wehtut oder dein Leben ruiniert oder andere denken könnten, du seist schwach, oder ... Yep, es gibt unzählige Sachen, die dein Verstand dir über deine Gefühle erzählt, die dich denken lassen, du solltest sie nicht haben. Er wird dir sagen, dass sie bekämpft werden müssen. Offenbar verstärkt die Gesellschaft das, indem sie dir sagt, wie lange ein Gefühl dauern oder wie intensiv es sein darf. Freundinnen oder Freunde sagen dir z. B.: „Das wird schon wieder" (was auch immer „das" ist). Deine Lieblingsserienheldinnen und -helden sind am Ende der Folge über das Zerbrechen ihrer Beziehung hinweg. Manchmal bekommen sie auch noch etwas in den Film eingebaut, um den Prozess zu beschleunigen: Ein Song wird gespielt und dabei sehen wir viele Szenen, in denen Wochen oder Monate vergehen, bis sie sich wieder besser fühlen.

Im richtigen Leben dauern Trauer und Schmerz so lange, wie sie dauern.

Was passiert, wenn du versuchst, nicht traurig zu sein? Bist du dann immer noch traurig? Außerdem hast du nun noch etwas, worüber du traurig bist – dass da etwas mit dir nicht stimmt, wenn du traurig bist. Je mehr du versuchst, ein Gefühl nicht zu haben, desto mehr hast du es.

UND WAS IST DIE ALTERNATIVE?

Lass das Gefühl da sein.

Wo in deinem Körper sitzt das Gefühl gerade jetzt? Ist es in deinem Bauch? Deiner Brust? Deinem Herz? Deinen Augen? Deinen Fäusten?

Wo immer es sitzt, schau, ob du in der Lage bist, es wahrzunehmen. Beobachte es mit Neugier und Sorgfalt. Als ob du gerade in diesem Körper gelandet wärst und dieses Gefühl das erste Mal erleben würdest. Schau, ob du mit ihm für eine oder zwei Minuten einfach dasitzen kannst, ohne zu versuchen, es wegzuschieben, oder dir selbst zu sagen, dass es nicht hier drin sein sollte. Und wenn der Gedanke aufkommt, der dir erzählt, dass du das Gefühl wegschieben musst, dann schau mal, ob du auch diesen Gedanken mit Neugier und Sorgfalt beobachten kannst.

Und denk an drei Dinge:

1. Gefühle gehen vorüber (vorausgesetzt, dass du sie nicht bekämpfst).
2. Gefühle bedeuten, dass dir etwas wichtig ist.
3. Niemand (dein eigener Verstand eingeschlossen) hat das Recht, dir zu sagen, wie du dich fühlen sollst oder wie schlecht du dich fühlen sollst oder wie lange du etwas fühlen sollst.

DIES IST KEIN TRICK!

Als ich das erste Mal davon gelesen habe, Gefühlen Raum zu geben und ihnen zu erlauben, da zu sein, fand ich das super. Ich dachte, wenn ich einen Weg finden könnte, wirklich bereit zu sein, die schmerzhaften Gefühle zu haben, und den fiesen Gedanken und Rollenzuschreibungen erlauben könnte, da zu sein, dann würde ich sie nicht mehr haben. Als wäre es eine Art schlauer Psychotrick, bei dem ich einfach sagen könnte, dass es mir nichts ausmacht, traurig zu sein, und dann geht die Traurigkeit weg.

Ich habe ziemlich lang gebraucht, um zu verstehen, dass es so nicht funktioniert. Bereit zu sein, meinen Schmerz zu fühlen, ist keine weitere Strategie, die ich benutzen kann, um meinen Schmerz zu vermeiden. Es geht darum, ehrlich zu akzeptieren, dass manchmal Dinge total nerven. Manchmal kann das Leben richtig wehtun. Manchmal ist diese Welt nicht das, was ich mir vorgestellt habe. Manchmal würde ich immer noch gern alles tun, um diese Gefühle und Gedanken nicht zu haben.

Vielleicht lerne ich einfach langsam. Besonders, wenn es um die richtig schmerzhaften Sachen geht.

Es kann sein, dass es bei dir viel schneller geht als bei mir. Wahrscheinlich kommt und geht die Akzeptanz. Bereitschaft zu zeigen, dem Leiden zu erlauben, da zu sein, ist hart. Verdammt hart. Und manchmal auch beängstigend.

Das Einzige, das noch härter ist: nicht bereit zu sein, dem Leiden zu erlauben, da zu sein.

FASSEN WIR ZUSAMMEN

Dinge können wehtun.

Die Welt kann ein hässlicher Ort sein, der alle Arten ungewollter Gedanken und Gefühle auslöst.

Das gesellschaftliche System kann krankmachen.

Die Leute um dich herum, egal wie gut sie es meinen, können dir das Gefühl geben, dass die Gedanken und Gefühle, die du hast, nicht okay sind, dass du verrückt bist oder geisteskrank oder einfach nur verkehrt. Diese Botschaften werden von der Werbung, den sozialen Medien, Hollywood und von so ziemlich überall, wo du dich sonst noch umschaust, verstärkt.

Es ist harte Arbeit zu versuchen, bestimmte Gedanken und Gefühle nicht zu haben.

Und es funktioniert nicht. Je mehr du diese inneren Erlebnisse bekämpfst, desto mehr wirst du sie haben. Und selbst, wenn du weißt, dass es nicht funktioniert, bekämpfst du sie immer weiter, weil Millionen Jahre Evolution kombiniert mit unserer Kultur uns das beigebracht haben.

Es kostet viel Energie zu versuchen, diese Gedanken und Gefühle nicht zu haben.

Was bedeutet, dass nicht viel Energie übrig ist, die du in die Dinge stecken kannst, die **dir wirklich wichtig** sind – vielleicht die Freundin oder der Freund zu sein, der oder die du sein möchtest, oder das Familienmitglied zu sein, das du sein möchtest, oder der Mensch zu sein, der du sein möchtest. Und nicht fähig zu sein, auf das zuzugehen, **was dir wirklich wichtig ist**, schafft noch mehr **Probleme, die nerven** – Traurigkeit, Schuld, Sorgen, Selbstkritik und vieles mehr.

KLEINE DINGE HELFEN

Mach kleine Schritte in Richtung der Dinge, die dir etwas bedeuten. Es ist der Mühe wert, die belastenden Sachen hinzunehmen, wenn du damit dem Leben, das du leben willst, ein bisschen näher kommst (obwohl es diese **stressigen Probleme** nicht weniger schmerzhaft macht).

Um die kleinen Dinge tun zu können, musst du wissen, wo du bist, auch wenn dein Verstand sich Sorgen darum macht, was in Zukunft geschehen kann, oder darum, was in der Vergangenheit geschehen ist. Deine Aufmerksamkeit zu dem, **was hier und jetzt ist**, zurückzubringen, kann dir dabei helfen, dir klarer darüber zu sein, wo du gerade bist und was du tun musst, um dem, **was dir wirklich wichtig ist**, näher zu kommen. Dein Atem und deine Sinne können dich unterstützen, wenn es nötig ist, dich zu dem, **was hier und jetzt ist**, zurückzubringen.

Gedanken werden weiterhin kommen. Das ist ihr Job. Sie tun alles, was sie können, um Gefahren zu erkennen und dich davon fernzuhalten. Gefahren können menschenfressende Tiger sein oder soziale Ablehnung oder negative Beurteilung durch andere. Und wenn dein Verstand sich all diese Sachen vorstellt, dann wird das Gefühl dazu genauso stark sein, als ob das, was du dir vorstellst, jetzt in diesem Moment passiert. Es kann harte Arbeit sein, den Gedanken zu erlauben, da zu sein, sie nicht zu ernst zu nehmen und nicht zu versuchen, ihnen zu widersprechen oder sie wegzuschieben. Mit deinen Gedanken einfach dazusitzen, auch mit denen, von denen du wünschst, dass du sie nicht oder nicht so intensiv hättest, kann unglaublich hart sein. Aber das ist es wert, wenn es deine Energie freisetzt, mit der du dich auf das, **was dir wichtig ist**, konzentrieren kannst.

Bitte glaube an keine dieser Ideen, nur weil ich es so sage. Aber wenn du die Ideen ausprobierst und sie dir dabei helfen, dem Leben näher zu kommen, das dir etwas bedeutet, dann ist das super.

Und wenn du sie alle ausprobiert hast und noch mehr Unterstützung brauchst, so gibt es noch einige **andere Sachen, die helfen**.

Negative Beurteilung
Gefühle
Verwirrung
Soziale Ablehnung
Einsamkeit
Was wenn?
Selbstzweifel
Aber ...
Angst

Kapitel 7:

Was noch helfen kann

Selbstfürsorge

Ist dir schon mal aufgefallen, dass es oft leichter oder sozial akzeptierter ist, für andere zu sorgen, als sich um sich selbst zu kümmern? Wir wissen oft, welchen Rat wir anderen geben können, aber vergessen, uns denselben Rat zu geben.

Was würde passieren, wenn du dich selbst so behandeln würdest wie jemanden, die oder der dir wichtig ist? Würdest du besser für dich sorgen? Auch wenn dein Verstand dir sagt, dass du keine Selbstfürsorge verdienst, vielleicht bist du dir trotzdem wichtig? Und auch wenn du Schwierigkeiten damit hast, dich selbst wertvoll zu finden, wusstest du, dass die Chancen steigen, wenn du gut für dich sorgst, dass dann andere um dich herum auch gut für sich sorgen? Sogar ohne dass du ihnen direkt sagen musst, was sie tun sollen (was normalerweise sowieso nicht hilft)?

Es gibt viele Dinge, die du tun kannst, von denen nachgewiesen ist, dass sie deine Energie erhöhen sowie deine Stimmung und dein Selbstvertrauen verbessern (aber natürlich wirst du ungewollte Gedanken und Gefühle nicht völlig los).

Das Einfachste ist, beim Essen und Schlafen anzufangen. Dein Körper wird sich besser anfühlen, wenn du mehr Obst und Gemüse isst, und wird sich schlechter anfühlen, wenn du mehr Junkfood isst. Und trotzdem ist es ziemlich normal für deinen Verstand zu versuchen, dich dazu zu bringen, irgendwelchen Schrott zu essen, wenn du dich schlecht fühlst. Um also besser für dich zu sorgen, musst du diese Gedanken wahrnehmen, ein paar Mal tief durchatmen und dann trotzdem etwas Gesundes essen.

Genauso mit Schlafen: Dein Verstand kann dir hundert Gründe nennen, warum du lange aufbleiben sollst. Er erzählt dir vielleicht, dass du dann Sachen machen kannst, die Spaß machen, oder dass du online wichtige Diskussionen verpassen könntest oder dass du im Bett liegen wirst und nichts hast, das dich ablenkt, wenn deine Gedanken dorthin schweifen, wo du auf keinen Fall hinwillst. Aber dir die Chance zu geben, genug Stunden zum Schlafen zu haben, ist eins der wichtigsten Dinge, die du für deine Gesundheit tun kannst. Es lädt alle deine Batterien auf, um deinem nächsten Tag die Möglichkeit zu geben, gut zu werden. Wenn Einschlafen schwierig ist, dann schalte spätestens eine halbe Stunde, bevor du ins Bett gehen willst, alle Bildschirme (Laptop, Tablet, Fernseher, Handy) aus und mach etwas Beruhigendes, wie ein Buch lesen oder eine Tasse heißen Kakao trinken. Wenn du dann im Dunkeln im Bett bist, ist dies ein guter Moment, die Atemübungen zu machen, über die wir gesprochen haben. Nimm wahr, wie es sich anfühlt, einzuatmen. Nimm wahr, wie es sich anfühlt, auszuatmen. Und wenn dein Kopf versucht, dich abzulenken, nimm auch diese Gedanken wahr und komm mit deiner Aufmerksamkeit zum Atmen zurück.

Regelmäßiger Sport ist ebenso eine der wichtigsten Sachen, die du für deine körperliche und geistige Gesundheit tun kannst. Er kann dir helfen, mehr Selbstvertrauen und eine bessere Stimmung zu haben, dich besser konzentrieren zu können, dir weniger Sorgen zu machen, besser zu schlafen ... die Liste kann noch verlängert werden! Stretching oder Yoga sind besonders hilfreich, weil sie dir außerdem ermöglichen, dich auf das, **was hier und jetzt ist**, zu konzentrieren.

Die Menge an schädlichen Substanzen zu reduzieren, die du konsumierst, ist auch ein wirkungsvoller Weg, dich besser zu fühlen. Mit Alkohol, Rauchen oder anderen Drogen aufzuhören oder sie einzuschränken, wird es dir leichter machen, auf das zuzugehen, **was dir wichtig ist**, und dir helfen, das Gefühl zu haben, dass dein Leben viel stärker auf einem guten Weg ist. Und denk daran, dass eher kleine Verbesserungen die wirkungsvollsten sind – versuche nicht, alles auf einmal zu verändern.

Wie ich schon am Anfang dieses Buches gesagt habe, mach das alles nicht, nur weil ich es dir sage. Probiere die Sachen aus und **wenn sie bei dir funktionieren** und dir erlauben, ein Leben zu leben, das dir etwas bedeutet, **dann mach weiter damit**.

Freundinnen und Freunde persönlich treffen

Eins der ersten Dinge, die passieren können, wenn du anfängst, dich traurig oder isoliert zu fühlen oder dir Sorgen zu machen, oder wenn du irgendwelche anderen starken Gefühle hast, ist, dass du vielleicht deine Kontakte mit Freundinnen und Freunden reduzierst. Es kann ganz normal für deinen Verstand sein, dich mit Gedanken zuzuschütten wie:

- Sie werden das sowieso nicht verstehen.
- Sie werden denken, dass ich nur Aufmerksamkeit will.
- Sie haben mit ihren eigenen Problemen zu kämpfen.
- Sie werden mich nicht mehr mögen, wenn sie herausbekommen, wie ich wirklich bin.
- Mit Leuten abhängen ist im Moment einfach zu anstrengend.
- Ich hätte keinen Spaß.
- Sie hätten mir schon längst eine Nachricht schicken sollen.

Und so weiter.

Vielleicht hat dein Verstand dir solche Sachen gesagt oder vielleicht ist er mit seinen eigenen raffinierten Ideen gekommen, um dich dazu zu bringen, dich von deinen sozialen Kontakten zurückzuziehen, sodass du mehr Zeit für dich allein hast, um nachzudenken und dir Sorgen zu machen.

Und gleichzeitig ist es wahrscheinlich so, dass du beim Einschätzen der Dinge, die dir etwas bedeuten, Freundinnen und Freunde als sehr wichtig oder sogar lebenswichtig bewertet hast. Freundschaften sind es wert, gepflegt und aufrechterhalten zu werden, auch wenn du Schwierigkeiten hast. Besonders, wenn du Schwierigkeiten hast.

Freundinnen und Freunde können dir helfen, dich mit der Welt und dem, was dir wichtig ist, verbunden zu fühlen. Sie können dir etwas Abstand geben von all **den**

belastenden Problemen. Auch wenn der Schmerz vielleicht immer noch da ist, machen Freundinnen und Freunde es leichter zu atmen, zu leben.

Freundinnen und Freunde können auch ein Lächeln für dich haben, eine Umarmung oder Zeit zum Zuhören. Allerdings musst du sie persönlich treffen, damit irgendetwas davon passieren kann. Soziale Online-Netzwerke haben ihre Vorteile, aber wenn du dich allein fühlst, können sie dieses Gefühl verstärken, weil du auf all die Masken der anderen schaust und nicht wirklich mit ihnen zusammen bist.

Ist dir schon mal aufgefallen, wenn du traurig bist oder dir Sorgen machst, dass du manchmal Lust hast, darüber zu reden, manchmal aber auch Lust hast, über etwas anderes zu reden, und manchmal gar keine Lust hast zu reden? Das sind ziemlich normale Erfahrungen. Genauso normal ist der Frust, wenn ein Freund oder eine Freundin auf die falsche Art versuchen, dich zu unterstützen – sie versuchen, dich zum Reden zu bringen, wenn du keine Lust hast zu reden, oder sie versuchen, dich abzulenken, wenn du lieber darüber reden würdest. Wenn sie dich falsch verstehen, fühlst du dich vielleicht noch mehr von ihnen entfernt. Wie wäre es, wenn du deine Freundinnen und Freunde tatsächlich um das bitten würdest, was du brauchst, und nicht nur zu hoffen, dass sie es merken? Du könntest z. B. zu einer Freundin oder einem Freund sagen:

„Ich habe gerade keine Lust darüber zu reden, können wir einfach abhängen und irgendwann später darüber reden?“

Oder:

„Ich weiß, du hast gerade genug mit dir selbst zu tun, aber ist es okay, wenn wir ein bisschen über das reden, was mir gerade Sorgen macht?“

Oder etwas in dieser Art.

Würdest du es dir von deinem Freund oder deiner Freundin wünschen, dass sie in der Lage wären, dich um das zu bitten, was sie brauchen? Wenn du sie auf freundliche Weise darum bitten kannst, was du brauchst, dann erhöht es die Wahrscheinlichkeit, dass auch sie mit dir reden können, wenn sie selbst es brauchen.

Was ist, wenn sie dich nicht verstehen oder nicht den richtigen Ton treffen? Dann kannst du vielleicht mit ihnen darüber reden. Oder vielleicht hast du einen anderen Freund oder eine andere Freundin, die besser darin sind, die richtigen Dinge zu sagen, wenn du über etwas reden musst, wohingegen andere wiederum besser darin sein können, dich aus deinen Gedanken herauszuholen, wenn du das brauchst.

Bitte verlange von Freundinnen und Freunde nicht, Geheimnisse für sich zu behalten, wenn das ihnen gegenüber nicht fair ist. Wenn du z. B. etwas Gefährliches getan hast oder planst, etwas Gefährliches zu tun, dann müssen sie es jemandem sagen.

Eltern, Lehrerinnen und Lehrer und andere Erwachsene

Manchmal fühlen sich **die lästigen Probleme** so bedrohlich an, dass es nicht ausreicht zu versuchen, alleine oder mithilfe von Freundinnen und Freunden damit klarzukommen.

Ich kenne deine Eltern nicht, aber wahrscheinlich lieben sie dich über alles und wollen dir wirklich helfen, auch wenn das, was sie sagen und tun, sich manchmal nicht sehr hilfreich anfühlt.

Manchmal sind Eltern besser darin, Probleme zu lösen als zuzuhören, und fangen direkt damit an, dir zu sagen, was du falsch gemacht hast und was du tun musst, um es wieder in Ordnung zu bringen. Auch wenn es nötig wäre, einfach mal zuzuhören, wie du dich eigentlich fühlst. Und dir den Raum zu geben, deine eigenen Gedanken und Gefühle zu haben, damit du selbst herausfinden kannst, was du tun musst. Manchmal brauchst du vielleicht gar nicht mehr, als mit der Traurigkeit und den Sorgen einfach nur dazusitzen. Es kann sich sehr hilfreich anfühlen, Eltern zu haben, die verstehen, dass es das ist, was du brauchst, und dir den Raum dafür lassen. Vielleicht magst du deinen Eltern auch die Seiten in diesem Buch zeigen, in denen es darum geht, Gefühle da sein zu lassen, ohne sie zu bekämpfen. Oder vielleicht möchtest du ihnen auch klar sagen, wann du dir wünschst, dass sie dir beim Lösen eines Problems helfen, und wann es gut ist, wenn sie dir einfach nur zuhören.

Das gesellschaftliche System, in dem deine Eltern aufgewachsen sind, war anders als das System, in dem du jetzt lebst. Über psychische Gesundheit und Stress wurde anders gesprochen und anders damit umgegangen. Vielleicht sind deine Eltern in einer Welt aufgewachsenen, in der Jugendliche bessere Chancen hatten, einen Job zu finden, oder die Gesellschaft hat ihnen gesagt, sie sollten nicht fühlen, was sie fühlen, oder nicht denken, was sie denken.

Wenn du also mit ihnen sprichst, dann werden sie vielleicht nicht gleich alles verstehen. Aber bitte versuch es weiter, denn ich bin sicher, sie bekommen irgendwie mit, dass etwas nicht stimmt, und werden unbedingt helfen wollen. Und wenn du sie wissen lässt, was los ist, können sie dir umso eher in sinnvoller Weise helfen. Und falls deine Eltern dich nicht verstehen oder nicht sehr gut im Zuhören sind, dann finde andere Erwachsene, mit denen du sprechen kannst, weil die Welt noch viel mehr nerven kann ohne Erwachsene, die dir helfen. Tanten, Onkel, Großeltern, Lehrerinnen und Lehrer, Schulpsychologinnen und -psychologen, Sporttrainerinnen und -trainer, Eltern von Freundinnen und Freunden ... such weiter und versuche es weiter, **weil du es wert bist, von jemandem unterstützt zu werden**.

Profis

Wenn du Probleme hast, wird man dir vielleicht raten, mit deiner Hausärztin oder deinem Hausarzt zu sprechen, oder vielleicht mit dir zu einer Kinder- und Jugendlichen-Psychotherapeutin oder einem Kinder- und Jugendlichen-Psychotherapeuten gehen.

Haus- oder Kinderärztinnen und -ärzte sind normalerweise die ersten Fachleute, zu denen du gehst, wenn das Leben schwierig ist. Sie bieten den Vorteil, dass sie einen Überblick über mögliche körperliche und psychische Einflüsse haben, die das Leben stressig machen können. Vielleicht sind sie auch mit einigen Dingen deiner Geschichte vertraut und haben mehr Verständnis dafür, warum der Stress, den du hattest, zu **den Problemen** jetzt geführt hat. Leider haben sie oft nicht viel Zeit in der Sprechstunde, die Termine dauern meistens nur 10 bis 15 Minuten, was vielleicht nicht genug Zeit ist, um offen zu sprechen und verstanden zu werden. Ärztinnen und Ärzte schlagen vielleicht Medikamente vor, um die schmerzhaften Gefühle etwas zu verringern und dir mehr Energie zu geben, dich auf die Dinge zu konzentrieren, die dir wirklich wichtig sind. Aber pass auf, dass du die Möglichkeit bekommst, alle Fragen zu den Tabletten zu stellen, die du vielleicht verschrieben bekommst, z. B. über Nebenwirkungen, und denk daran, dass es außer den Medikamenten noch weitere Möglichkeiten gibt. Das können Beratungsstellen sein, Psychologinnen und Psychologen, Kinder- und Jugendlichen-Psychotherapeutinnen oder -therapeuten, Psychiaterinnen und Psychiater ...

Es gibt viele verschiedene Fachleute für psychische Gesundheit und sie alle haben verschiedene Ausbildungen und ein unterschiedliches Verständnis davon, was Stress auslöst und was hilft. Wenn du die Ideen gut findest, die in diesem Buch vorgeschlagen werden, und mehr Unterstützung in diese Richtung möchtest, dann solltest du jemanden suchen, die oder der in Akzeptanz- und Commitment-Therapie (ACT) ausgebildet ist.

Zu wem auch immer du gehst und was immer deren Ausbildung und Titel sein mag, die Hauptsache ist, **dass du das Gefühl hast, wirklich gehört zu werden,** und als Mensch gesehen wirst, nicht als Problem, das gelöst werden muss. Die Person, zu der du gehst, mag eine Menge über psychische Gesundheit wissen, aber du weißt eine Menge über dich, und nur wenn ihr beide euer Wissen zusammentut, könnt ihr einen Weg finden, dir zu helfen, dein Leben wieder auf die Reihe zu bekommen. Und wenn die Person, mit der du sprechen sollst, sich nicht anfühlt wie jemand, mit der du sprechen kannst, dann frage bitte, ob du zu jemand anderem gehen kannst. Das Leben ist zu kurz, um dich von Fachleuten beurteilen zu lassen, die dir das Gefühl geben, du seist ein Problem.

Danke

Ich weiß es wirklich zu schätzen, dass du dir die Zeit nimmst, diesen Ideen zuzuhören und die Vorschläge auszuprobieren. Denk daran, kleine Schritte können in deinem Leben zu großen Veränderungen führen.

Es sind Ideen, von denen ich absolut überzeugt bin, und die Forschungsergebnisse, die zeigen, dass es wirklich funktioniert, werden von Jahr zu Jahr mehr und bedeutsamer. Dieses Buch stellt die Akzeptanz- und Commitment-Therapie mit Worten vor, die ich auch verwende, wenn ich mit jungen Menschen arbeite. Die Konzepte der ACT und viele der Metaphern stammen von Forscherinnen und Forschern der kontextuellen Verhaltenswissenschaften und von ACT-Therapeutinnen und -Therapeuten. Wenn du mehr über Akzeptanz- und Commitment-Therapie lesen möchtest, dann schlage ich vor, einen Blick in diese Bücher zu werfen:

- „Wer dem Glück hinterherrennt, läuft daran vorbei: Ein Umdenkbuch" von Russ Harris [Original: The Happiness Trap]. München: Goldmann Verlag, 2013.

- „Und wenn alles ganz furchtbar schiefgeht? Lernen, mit Ängsten umzugehen" von Kelly Wilson und Troy DuFrene [Original: Things Might Go Terribly Horribly Wrong: A Guide to Life Liberated from Anxiety]. Paderborn: Junfermann Verlag, 2012.

Und wenn es okay für dich ist, ein Buch in Englisch zu lesen:

- "Get Out of Your Mind and Into Your Life for Teens: A Guide to Living an Extraordinary Life" (An Instant Help Book for Teens) von Joseph Ciarrochi, Louise Hayes und Ann Bailey. Oakland, CA: New Harbinger, 2012.

Ich hatte das Glück, an Workshops und Kongressvorträgen der folgenden inspirierenden Lehrerinnen und Lehrer teilzunehmen bzw. ihre Bücher kennenzulernen: Sonja Batten, Joseph Ciarrochi, Russ Harris, Steven Hayes, Kelly Koerner, Jason Luoma, Louise McHugh, Emily Sandoz, Niklas Torneke, Jennifer Villatte, Matthieu

Villatte, Robyn Walser, Darrah Westrup und Kelly Wilson. Und es gibt noch mehr Menschen, die zu meinen Kenntnissen der ACT beigetragen haben durch Forschungsartikel, Buchbeiträge, Blogposts, Kongressvorträge und Gespräche. Besonders dankbar bin ich für die Unterstützung meiner ACT Interest Group in Wellington.

Und noch viel wichtiger: Voller Hochachtung denke ich an all die Klientinnen und Klienten sowie Familien, mit denen ich gearbeitet habe. Ich habe so viel von ihnen gelernt und bin dankbar für all ihre Weisheit, ihr Vertrauen und ihre Bereitschaft, sich auf diese Ideen einzulassen.